U0961901

中国货币政策规则研究
——以泰勒规则为例

RESEARCH ON MONETARY POLICY RULES IN CHINA
—— TAKING TAYLOR RULE AS AN EXAMPLE

毛文莉◎著

中国经济出版社
CHINA ECONOMIC PUBLISHING HOUSE
·北 京·

图书在版编目（CIP）数据

中国货币政策规则研究：以泰勒规则为例／毛文莉著．--北京：中国经济出版社，2021.11(2023.8重印)
ISBN 978-7-5136-6707-4

Ⅰ.①中… Ⅱ.①毛… Ⅲ.①货币政策-研究-中国
Ⅳ.①F822.0

中国版本图书馆CIP数据核字（2021）第213569号

责任编辑　杨元丽
责任印制　巢新强
封面设计　任燕飞设计

出版发行　中国经济出版社
印 刷 者　北京建宏印刷有限公司
经 销 者　各地新华书店
开　　本　710mm×1000mm　1/16
印　　张　14
字　　数　172千字
版　　次　2021年11月第1版
印　　次　2023年8月第2次
定　　价　69.00元
广告经营许可证　京西工商广字第8179号

中国经济出版社 **网址** www.economyph.com **社址** 北京市东城区安定门外大街58号 **邮编** 100011
本版图书如存在印装质量问题，请与本社销售中心联系调换（联系电话：010-57512564）

版权所有　盗版必究（举报电话：010-57512600）
国家版权局反盗版举报中心（举报电话：12390）　　服务热线：010-57512564

前言

preface

在一国的货币政策框架中，货币政策规则发挥着关键作用。中央银行在制定货币政策时，要面对大量持续更新的宏观经济信息，如GDP数据、通货膨胀率、失业率、工业产量、汇率等，虽然可以借助大型宏观经济计量模型，但是由于这些模型假设往往是不现实的（Orphanides and Athanasios，2015），中央银行需要找到一种相对简单的货币政策规则，使它能够检验大型经济计量模型所得出结论的合理性，从而最大限度地保证决策的科学性。因此，中央银行和学术界一直致力于寻找一种“单一规则”，试图通过关注少量的相关变量（甚至只有一个变量），来决定中央银行操作目标的适当水平。

自20世纪末以来，学界对这种“单一规则”的讨论一直非常热烈，这主要源于Taylor（1993）提出的一种利率规则——泰勒规则。简言之，泰勒规则就是通过关注两个经济变量（通货膨胀和产出），在以短期利率为货币政策操作目标的情况下实施货币政策。泰勒规则的提出及广泛采用，不仅标志着在货币政策决策方式上“规则”战胜了“相机抉择”，而且标志着在货币政策操作目标与“单一规则”的选择上，利率取代了货币供应量、利率规则取代了货币供应量规则。泰勒规则现在已成为各国分析和评估货币政策的主要标准。人们在肯定泰勒规则的同时，也在积极完善它。概括来说，泰勒规则完善性研究主要体现在两个方面：一是测量问题，包括对央行预期方式的选择、反应系数的确定、变量指标的选取与测算问题等；

二是泰勒规则形式扩展问题，包括在方程右侧添加利率平滑项、汇率变量、国外利率、资产价格变量、货币供应量等。

1995 年，《中华人民共和国中央银行法》明确规定当时我国货币政策的目标是物价稳定并以此促进经济增长，以法律授权的形式明确了物价稳定的承诺。在此货币目标下，长期以来，我国实行数量型调控和价格型调控相结合、以数量型调控为主的货币政策操作框架。近年来，随着金融管制的放松，在金融创新的影响下，中国货币数量调控的有效性日益下降。特别是，随着利率市场化改革的基本完成，向利率为主的货币价格调控方式转型的必要性和迫切性日趋上升（张晓慧，2015）。可以说，2015 年基本取消存贷款利率管制后，中国利率市场化和货币政策调控已经进入以建立健全与市场相适应的利率形成和调控机制为核心的深化改革新阶段，这就需要针对利率规则进行扎实的基础性研究，探索符合中国实际的利率政策规则（徐忠，2017）。

首先，本书对简单形式的泰勒规则以及考虑前瞻性与利率平滑的泰勒规则扩展形式在中国的适用性进行了估计。研究发现，Taylor 原式（1993）在中国并不适用，中国货币政策存在较明显的利率平滑特点，考虑前瞻性的泰勒规则可以较好地刻画中国货币政策操作行为。其次，在对“利率是否对汇率进行反应”问题上，一方面，本书认为中国货币政策对汇率进行了明显反应，短期反应为汇率升值（贬值）则利率降低（提高），长期虽然会有利率回调，但利率对汇率的总反应仍为负；另一方面，对汇率反应的中国货币政策并不稳定，不能有效控制通货膨胀。最后，对中国货币政策是否将资产价格纳入决策进行了验证。研究发现，股票价格因素在中国货币政策决策中的作用不显著，而考虑前瞻性与利率平滑的货币政策对房地产价格进行了适度反应，并且对通胀反应显著，说明其更好地促进了通胀稳定。综上，本书认为中国的货币政策部分验证了泰勒规则。虽然泰勒（1993）原式并不适合中国国情，但是泰勒规则的其他变体却在一定程度上解释了中国货币政策的实际行为。

在以上实证研究的基础上，本书将泰勒规则视为一种经验法则，对中国货币政策历史进行评价。规范研究的首要问题是确定基准形式，因此本书在理论总结的基础上同时结合中国现实情况，确定了四种泰勒规则规范，继而分别将其与政策利率与市场利率的真实路径进行比较。本书发现，在2005—2018年的样本区间内，中国货币政策在金融危机爆发前与爆发后的初期存在两次比较大的“政策偏离”，2012年之后货币政策则存在向“规则化”转变的情况。

后金融危机时代，鉴于世界主要国家货币政策框架并未发生大的改变，以泰勒规则为代表的货币政策规则研究仍具有重要的理论和现实意义。本书对中国货币政策规则进行了尝试性探索，但囿于学识与精力不足，仍有很多问题值得进一步深入研究与商榷，望各位同行、专家给予批评指正。

毛文莉

2021年2月16日

目录

contents

第一章
导 论

在一国的货币政策框架中，货币政策规则发挥着关键作用。中央银行在制定货币政策时，要面对大量持续更新的宏观经济信息，如 GDP 数据、通货膨胀率、失业率、工业产量、汇率等，虽然可以借助大型宏观经济计量模型，但是由于这些模型假设往往是不现实的（Orphanides，2015），中央银行需要找到一种相对简单的货币政策规则，使它能够检验大型经济计量模型所得出结论的合理性，从而最大限度地保证决策的科学性。因此，各国中央银行和学术界一直致力于寻找一种“单一规则”，试图通过关注少量的相关变量（甚至只有一个变量），来决定中央银行操作目标的适当水平。自 20 世纪末以来，学界对这种“单一规则”的讨论一直非常热烈，这主要源于 Taylor（1993）提出的一种利率规则——泰勒规则。

第一节　问题的提出——泰勒规则的理论意义

简言之，泰勒规则就是通过关注两个经济变量（通货膨胀和产出），在以短期利率为货币政策操作目标的情况下实施货币政策。Taylor（1993）通过对美国、英国、加拿大等国的货币政策实践研究发现，在各种影响物价水平和经济增长率的因素中，利率是唯一能够与物价和经济增长保持长期稳定相关关系的变量。继而他认为，货币当局应当以利率为货币政策操作目标，通过调整利率来操作货币政策。具体到美国，即联邦基金利率应等于均衡实际利率加上通货膨胀率，再加上两个缺口的加权平均：①通货膨胀缺口，即当前通货膨胀率（四个季度移动平均值）减去目标通货膨胀率；②产出缺口，即实际 GDP 与潜在充分就业水平下的 GDP 估计值的百分比偏差。

$$i_t = r^* + \pi_t + 0.5\ (\pi_t - \pi^*)\ + 0.5\, y_t$$

泰勒规则的提出及广泛采用，不仅标志着在货币政策决策方式上“规则”战胜了“相机抉择”，而且标志着在货币政策操作目标与“单一规则”的选择上，利率取代了货币供应量、利率规则取代了货币供应量规则①。

一、“规则与相机抉择”之争告一段落

虽然关于“遵循规则还是相机抉择”的讨论，可以追溯到 19 世纪初期“银行学派”（banking school）与“通货学派”（currency school）支持者之间展开的辩论，甚至更远时期的亚当·斯密（Smith，1776）也曾发表过关于“货币政策规则”的支持言论，但是现代意义的“规则与相机抉择”之争指的是在 20 世纪 60—80 年代货币主义崛起与理性预期革命时期，关于要不要摒弃相机抉择、遵循货币政策规则的讨论。Friedman 和 Schwartz（1971）在对 1867—1960 年美国货币史的研究中发现，当货币当局实施紧缩性货币政策时，平均存在 18 个月的滞后期，波动范围在 6～29 个月。由于这一滞后期的多变性，就存在一个

① 这分别对应于对货币政策“规则”的两个不同层次的理解，具体见第二章“理论回顾与文献综述”。

风险，即最初设计为反经济周期的货币政策措施最终可能成为顺经济周期的政策。相机抉择的货币政策会因这一政策滞后期而成为宏观经济不稳定的一个来源。由此，弗里德曼提出货币供应量规则：一旦货币供应量的增长超过（或达不到）货币供应量目标，就必须提高（或降低）短期利率；如果货币供应量增长与目标值一致，利率就应该保持稳定。

反对相机抉择更有力的证据是“时间不一致”问题①。这一问题由 Kydland 和 Prescott（1977）提出，但主要特点体现在 Barro 和 Grodon（1983）的论文中，在 20 世纪 80 年代引起了关于货币理论的大讨论。Kydland 和 Prescott（1977）用“理性预期”理论作为敲门砖，打破了传统最优控制理论在政策决策中的思维垄断，认为在最优控制理论指导下的相机抉择，即在每一个时间点，根据当时的情况选择最优的政策，只会造成无效率的结果——次优选择。由于事前最优和事后最优并不一致，因此应该摒弃相机抉择、遵循单一政策规则。Barro 和 Gorden（1983）将“时间不一致”问题应用于解释“通货膨胀偏差”（inflationary bias）的产生，说明在理性预期下政府企图误导私人的政策是无效的；更重要的是，它使人们意识到唯有政府是可信的，货币政策才有效（如果中央银行承诺一定的通胀目标，通货膨胀倾向就会消失）②。它的政策含义是，由于相机抉择的货币政策不利于形成稳定的通胀预期，进而无法塑造中央银行的可信度和声誉，因此中央银行应该实施货

---

① 关于时间不一致的讨论最早出现在 Strotz（1956）的一篇论文中，该研究分析了购买者偏好变化对其决策的影响。

② 正是因为这一点，Barro 和 Gordon（1983）的论文也被看作强调央行信誉（credibility）的文献之一。

币政策规则来主动约束自己[①]，从而为泰勒规则的提出奠定了理论基础。

二、利率规则成为货币政策主流操作框架

20 世纪 80 年代，大多数国家的中央银行根据货币主义提出的货币供应量目标制来制定货币政策。但是，20 世纪 70 年代后期，对货币数量的严格控制（尤其是在美国和英国）导致了利率的高度不稳定。此外，80 年代金融管制的放松和技术变迁引发金融创新浪潮，货币数量与通货膨胀的关系开始崩溃，货币供应量对通货膨胀的预测能力越来越差。人们不得不寻求货币因素之外的货币政策规则，并逐渐认识到，中央银行在实现其最终目标的过程中，还存在其他方法。“如果现代货币政策传导机制表现形式中并不包括这个概念，我们却非要对这个概念赋予突出角色，这必将使货币政策战略的设计与沟通出现混乱。”[②] 泰勒规则是以短期利率为操作目标的货币政策规则，它的提出首先标志着经济学理论对货币因素的再思考，其在理论上的直接表现就是货币政策传导机制的现代表现形式中不再包含货币这一因素，标准的货币政策模型不再赋予货币数量特殊的作用。这一理论思想变化投射到货币政策操作目标的选择上，则体现为世界上大多数中央银行都改以短期利率作为操作目标，如 1993 年 7 月，美联储主席格林斯潘在国会听证会上宣布，放弃以货币供应量（M2）为中介指标的货币政策，改以调整实际利率

① 关于“中央银行如何才能做到可信”的讨论，除了实施政策规则之外，还有 Rogoff（1985）对保守中央银行行长的任命提议，以及 Walsh（1985）提出的激励合同来解决委托—代理问题等讨论。

② ［法］阿格尼丝·贝纳西－奎里，等．经济政策［M］．徐建炜，等，译．北京：中国人民大学出版社，2015：254.

作为对经济实施宏观调控的主要手段[①]（关于美国货币政策中介目标的演变，详见附录1）。

泰勒规则提出后立即受到人们的广泛关注，不论是学术层面还是央行层面。尤其是美联储对泰勒规则的采用，使得泰勒规则在理论上更加完善[②]。虽然这一时期泰勒规则研究也有用于货币政策评估上，但主要的研究热情体现在对泰勒规则的经验估计上。不论是在泰勒规则的具体形式上，包括变量的添加、变量指标的选择、系数与截距的选择上，还是在泰勒规则与最优货币政策模型的稳健性比较上，泰勒规则都显示出很强的理论生命力与延展性[③]。

三、金融危机对泰勒规则的影响

2007年，美国次贷危机的爆发使人们之前形成的普遍共识——认可政策规则、摒弃相机抉择这一行动主义思想产生了一定程度的逆转，各国政府以及中央银行相继实施相机抉择的货币和财政刺激政策。不仅如此，金融危机所带来的新情况也使人们对采用利率规则这一形式的货币政策规则产生了质疑。

首先，相机抉择重占上风。金融危机期间，危机救助方式上相机抉择色彩浓厚，即使到了后危机时代，美联储力图政策正常化的行为仍显得摇摆不定。Taylor（2008，2014，2017）认为，危机期间，美联储大规模购买国债和抵押贷款支持证券，以及资产负债表操作等这些政策都

---

① 2006年，美联储进一步停止了M3的数据公布，这是因为“M2已经包含了经济活动的大量信息，而M3无法传递更多的额外信息，并且M3已经多年没有在货币政策制定过程中发挥作用”。另外，2017年7月美联储《货币政策报告》首次增加的“货币政策规则”专栏中，也可以发现其对“货币政策规则”的定义明确利率规则的重要性，其随后详细介绍的五个政策规则也都是基于利率规则——泰勒规则的原式及变体。

② 参见Asso，Kahn和Leeson（2010）对泰勒规则在美联储的早期应用相关内容。

③ 关于泰勒规则修正与扩展的详细介绍，参见第二章“理论回顾与文献综述”。

是相机抉择的。2013 年，与所谓 QE 缩减恐慌症（taper - tantrum）[①] 相关的不确定性和市场干扰，就说明了相机抉择色彩浓厚的资产负债表操作的危险性。2015 年，由美联储加息所引发的市场猜测混乱也是对决策层不确定的、相机抉择政策的回应。其次，对泰勒规则有效性产生怀疑。此次金融危机产生的第一个反思就是“通胀稳定是否也代表金融稳定”。人们认识到，通胀和产出的稳定不足以保证持续的宏观经济稳定（Blanchard，Dell’Ariccia and Mauro，2013），换句话说，当产出趋于稳定，并且通胀也维持在低且稳定的水平情况下时，金融的脆弱性仍然可能存在。危机还表明，名义利率触及零下限之后，若均衡实际利率也存在下降趋势，甚至为负的话，则实际利率不能降低到足以刺激投资的水平，那么作为政策工具，政策利率就没有办法发挥作用，结果只能是经济停滞不前（Summers，2013）。出于以上担心与考虑，人们开始对以前提出的不同政策规则思想展开新的讨论，包括名义 GDP 目标规则和价格水平目标规则等。

金融危机对泰勒规则的冲击是显而易见的，但是时至今日，人们正在试图从危机带来的混乱中清醒过来[②]，不管是在决策方式上还是政策规则的形式上，都开始回归泰勒规则。Nikolsko - Rzhevskyy 和 Papell（2013）认为，虽然零利率下限使得泰勒规则的实证分析无法进行，但是将泰勒规则作为一种规范，使用其进行规范分析来评估货币政策立场仍是可行且流行的。Orphanides（2015）从相机抉择的角度探讨了美联储搁置政策正常化的原因，重提货币政策规则的重要性。美联储官员

① taper - tantrum 起源于 2013 年夏天，当时的美联储主席伯南克宣布美联储将会逐渐削减购债规模，这导致美国贷款利率飙升，资本从新兴市场撤离。

② Gust 等（2015）认为，简单泰勒规则在零利率条件下仍然稳健；而对此次金融危机的爆发原因，一些研究认为不能由泰勒规则来背锅（Taylor，2008；IMF，2008；Kahn，2010；Ahrend，2010；Nikolsko - Rzhevskyy et al.，2014）。

Yellen（2017a，2017b）不仅对美联储的政策工具进行了再次确认（“我们的目标利率是联邦基金利率”），而且通过比较美联储规则与泰勒规则及其变体，向人们展示了联邦公开市场委员会（The Federal Open Market Committe，FOMC）如何以建设性的方式使用泰勒规则。

第二节 问题的提出——泰勒规则的现实应用

泰勒规则，作为一种简单货币政策规则，其特点就是简单性（simplicity）、直观性（intuitiveness）和稳健性（robustness）。简单性是因为在货币政策众多目标中，泰勒规则仅把政策利率与其两个主要目标（价格稳定与经济增长）联系了起来。对于人们来说，只需要知道当前的通货膨胀率和产出缺口即可运用泰勒规则。直观性是指不管是需求冲击还是供给冲击，中央银行均可以通过调整利率进行“逆风”政策操作，熨平经济波动。此外，泰勒规则所隐含的“泰勒原理”（Taylor principle）将通胀锚定在其通胀目标上也显示出泰勒规则的直观性。稳健性是指与完全最优或更复杂的规则相比，泰勒规则在宏观经济稳定方面表现突出。泰勒规则在各种模型中都能在宏观经济稳定方面有很好的表现。泰勒规则的这些特点使其不仅可以被当作“经验法则”（rule of thumb）来对未来货币政策进行政策指导和预测，而且可以作为一种良好“规范”（prescription）来评估货币政策历史。

一、提供政策指导的泰勒规则应用

在美国，美联储不仅根据包括泰勒规则在内的各种货币政策规则（利率规则）对当前的政策立场和未来的政策路径进行一系列估计，而且 FOMC 成员经常会根据泰勒规则的建议采取政策立场。在为 FOMC 会议准备的简报材料中，美联储工作人员往往会根据不同货币政策规则，报告联邦基金利率当前应设定的规则水平，而 FOMC 决策者早在 1995 年就讨论了货币政策规则的规定（即泰勒规则），自 2004 年以来，各种形式的政策规则已然成为工作人员在 FOMC 开会前定期报告信息的一部分。Kahn（2012）就曾根据 20 世纪 90 年代开始的 FOMC 会议的记录，提供了泰勒规则如何成为美联储讨论主题这一非常有用的细节。除此之外，各种版本的泰勒规则还被整合到大型宏观经济模型和政策分析中，如自 2017 年 7 月起，美联储半年度的《货币政策报告》首次增加了“货币政策规则”专栏，其主要内容就是根据其所提出的利率规则——泰勒规则原式及变体①，向公众展示美联储是如何根据这些利率规则进行决策的。对于欧洲央行、日本银行、英格兰银行及其他央行而言，泰勒规则也不同程度地被纳入这些央行的政策分析和决策中。根据国际清算银行（BIS）对全球 35 个国家的中央银行的调查，大约 1/3 的中央银行基于泰勒规则形式的利率反应函数进行关键宏观经济变量的预测，“许多”央行同时根据几种不同的假设提供预测（Nelson，2008）。

二、评估货币政策历史的泰勒规则应用

虽然泰勒规则最早是对美国货币政策规则——利率规则的简单合意描述，但是现在已经成为众多发达国家和新兴市场经济体（Emerging Market Economies，EME）国家评价货币政策立场的通用标准（Hofmann and Bogdanova，2012）②。

---

① 截至 2019 年 1 月，美联储共发布三个包含“货币政策规则”专栏的《货币政策报告》。虽然每次专栏所介绍的货币政策规则并不完全一样，但是根据《货币政策报告》开头对“货币政策规则”的定义，它们都属于利率规则。

② 参见 Clarida，Gal 和 Gertler（1998）对德国、日本、英国、法国和意大利的研究；Lubik 和 Shorfheide（2007）对澳大利亚、加拿大、新西兰和英国的研究；Schmidt－Hebbel 和 Werner（2002）对巴西、智利和墨西哥的研究。另也可参见 Aizenman，Hutchison 和 Noy（2008）的参考文献，能够获得更多关于新兴市场中泰勒规则研究的内容。

首先，泰勒规则本身就是从对美国 1987—1992 年货币政策历史的实证评估中得出来的。“可能令人惊讶的是，这个规则与过去几年的实际政策表现相吻合……从这个意义上说，美联储货币政策就好像一直遵循我们所研究的这种政策规则那样来决策。”（Taylor，1993）泰勒规则提出后，人们普遍将其视作评价货币政策历史表现的准绳（benchmark）和良好规范（prescription），进行货币政策评估。尤其是评价 20 世纪 70 年代的“大通胀”（Great Inflation）时期，以及 20 世纪 80 年代反通胀后长达 20 年左右的“大缓和”时期（Great Moderation）。Judd 和 Rudebusch（1998）以及 Clarida，Gali 和 Gertler（2000）等对此问题的研究相当具有代表性，他们发现“大通胀”时期许多发达国家的政策利率低于泰勒规则利率，货币政策被认为是过于宽松的。而与此相比，20 世纪 80 年代中期与 21 世纪早期的“大缓和”时期，由于货币政策与泰勒规则保持一致，发达国家取得了不俗的经济绩效（通胀水平低且稳定，宏观经济波动也比较稳定）。然而，2003—2005 年，货币政策发生了重大转变（Taylor，2014），由于美联储货币政策偏离泰勒规则利率水平，而其他国家央行也互相效仿，结果造成全球利率偏低的情况（Hofmann and Bogdanova，2012；Gray，2013；Cartens，2015；Edwards，2017），Taylor（2010）将此相机抉择倾向称为“大偏离”（Great Deviation），并认为这才是金融危机爆发的真正原因①。

三、中国货币政策框架与利率市场化背景下的泰勒规则研究

货币政策的根本目标是社会福利。对于中央银行来说，首要问题在于如何设计货币政策最终目标以实现社会福利最大化。经济学文献通常

① Taylor(2007)认为，2003—2005 年美国联邦基金利率较原始形式泰勒规则建议的利率水平低了 3 个百分点，由此导致了房地产泡沫，继而 Taylor(2008，2010)认为其最终导致了金融危机的发生。

用“社会福利（损失）函数”来描述中央银行的决策问题——价格稳定与名义收入的权衡。从长期来看，价格稳定无疑是货币政策的主要目标，但是在短期和中期，货币政策似乎又应该致力于名义收入的稳定。对于政策目标的选择，各国的情况并不一样。

20 世纪 90 年代，一些主要发达国家和地区开始实行通货膨胀目标制，明确地将价格稳定作为其货币政策最终目标，如欧洲央行、加拿大银行、英格兰银行都将物价稳定置于首要目标，只有在实现物价稳定的情况下才能追求其他目标，因此被称为“阶梯目标”（hierarchical mandates）；而美国的最终目标是“实现就业最大化、物价稳定和适当的长期利率”，鉴于高通货膨胀率的情况下，长期利率也会非常高，所以这三个目标其实可以理解成“双重目标”（dual mandates），即物价稳定与就业最大化。虽然中国人民银行采取的是多目标制，既包含价格稳定、促进经济增长、促进就业、保持国际收支大体平衡等四大年度目标，也包含金融改革和开放、发展金融市场这两个动态目标，这种选择与中国处于经济转轨中的国情是分不开的（周小川，2016）；中国的社会经济金融现实决定了中央银行的多目标制，除了币值稳定并以此促进经济增长的法定目标外，货币制定部门还肩负着充分就业、国际收支平衡的年度目标和推动金融业改革发展的动态目标（周小川，2016），但是价格稳定始终是中国最主要的货币政策目标之一。货币政策的目标是物价稳定并以此促进经济增长，以法律授权的形式明确了对物价稳定的承诺；2003 年修订的《中华人民共和国中国人民银行法》重申了物价稳定的职责，但未给出物价稳定的具体数值；2005 年以来，每年的政府工作报告都要规定当年通货膨胀的具体指标。

将价格稳定明确为主要货币政策目标之后，接下来需要探索适合这一目标的货币政策操作框架。近年来，随着金融管制的放松以及在金融创新的影响下，中国货币数量调控的有效性日益降低。特别是，随着利率市场化改革的基本完成，向以利率为主的货币价格调控方式转型的必要性和迫切性日趋上升（张晓慧，2015）。可以说，2015 年基本取消存贷款利率管制后，中国利率市场化和货币政策调控已经进入以建立健全与市场相适应的利率形成和调控机制为核心的深化改革新阶段，这就需要针对利率规则进行扎实的基础性研究，探索符合中国实际的利率政策规则（徐忠，2017）。

第三节 主要内容与研究方法

一、研究思路与主要内容

综观泰勒规则研究，大致可以分为两种分析范式。一种是对泰勒规则进行经验估计，试图从中得出中央银行的货币政策，这是一种“what do”式的实证分析；另一种是将泰勒规则视作一种规范、一种基准，用于评估货币政策立场，属于一种“what should do”式的规范分析①。基于以上认识，本书的思路主要分为以下两部分：

（一）泰勒规则中国适用性检验

本书首先对泰勒规则中国适用性进行分析，它属于经验和实证分析。鉴于泰勒规则最早提出是对美国货币政策的刻画，因此若要探索中国的货币政策操作框架，就必须对泰勒规则进行中国情况的经验检验。检验标准不必苛求与泰勒规则原始形式一样，只要它具备良好货币政策的原则即可。在此，我们可以参考美国《货币政策报告》中给出的原

① Nikolsko－Rzhevskyy 和 Papell(2013)也表达过类似的看法。

则。第一个关键原则是货币政策应以可预测的方式来应对经济状况的变化。第二个关键原则是当通货膨胀率低于预期水平，就业率低于其最大可持续水平时，货币政策应该是宽松的；反之，货币政策是紧缩的，即"逆风而行"。第三个关键原则是为了稳定通货膨胀，政策利率应以大于1∶1 的比例应对通货膨胀的持续增加或减少。

泰勒规则中国适用性的经验检验又分为两个方面的内容，分别是对原始的两变量形式（通货膨胀缺口和产出缺口）泰勒规则（Taylor，1993）及扩展的泰勒规则形式进行检验。Judd 和 Rudebusch（1998）认为，尽管（原始的）泰勒规则形式简单，但它们具备了现实制度的基本要素，不仅与最优、基于预测的政策反应函数相比，可以实现相同的功能，而且可以实现与包含各种附加变量的反应函数一样的功能。这些结果在各种宏观经济模型中相当稳健。Levin 和 Williams（2003）、Orphanides 和 Williams（2008）认为，复杂的最优政策在许多模型中的表现并不好，而简单规则却表现良好。Nikolsko - Rzhevskyy 和 Papell（2013）也不赞成在动态随机一般均衡（DSGE）模型的背景下模拟泰勒规则的表现，虽然这样做可能存在潜在价值，但 DSGE 模型的正确形式还没有达成一致，并且有大量研究表明，在某一个模型中表现良好的最优规则在其他模型中可能表现不佳。Taylor 和 Williams（2011）就曾利用这个观点说明简单规则优于最优规则。因此，本书对原始的两变量形式泰勒规则进行检验不仅是研究的前提，而且是可靠的一步。

在泰勒规则被提出的 20 世纪 90 年代，对货币政策与货币制度的认识也经历着重塑与整合的阶段。一些主要发达国家采取了一种新的货币政策制度——通货膨胀目标制，而 Obstfeld 和 Rogoff（1995）提出在国际资本流动加剧情况下，固定汇率制难以为继的观点，引发了 20 世纪 90 年代后期对固定汇率制崩溃的研究，这些新变化，再加上泰勒规则的提出，使人们不仅逐渐形成了对国内货币政策制度“单一目标、单一工具”的共识，同时也开始接受开放经济条件下货币政策“三位一体”（Taylor，2001）的认知，即通货膨胀目标制、泰勒规则（利率规则）、浮动汇率三个因素一起实施一国的货币政策。在此背景下，与开放经济联系最紧密的汇率该如何在货币政策中体现出来呢？于是人们对泰勒规则进行了添加汇率变量的扩展尝试，试图实证检验利率是否对汇率产生反应。自改革开放以来，对外贸易作为拉动中国经济增长的“三驾马车”之一，发展迅速，但是也面临内外平衡的两难，与此同时，日益开放的中国经济也开始面临相同的境地。20 世纪 90 年代，我国开始出现国际收支“双顺差”，2001 年加入世界贸易组织（WTO）后，经常项目顺差显著扩大，成为国际收支顺差的主要来源。2005 年，中国开始实行汇率制度改革，取消人民币与美元直接挂钩，建立更加灵活的人民币汇率机制。虽然经济危机期间，因受其影响人民币汇率每日波幅缩小了，但这并未阻止人民币汇率改革的步伐，2015 年，中国人民银行宣布完善人民币汇率中间价报价机制，中国汇率制度改革继续深入推进。在这种宏观背景下，中国货币政策是不是应该将汇率因素考虑进来，以更好地实现内外平衡，是一个有待实证的问题。

虽然重视金融稳定是金融危机带给人们的最大警示，但是中央银行是否需要以资产价格稳定或金融稳定为目标，这并不是一个新问题。2001 年美国股票市场泡沫破裂后，有人批评美联储未能在20 世纪90 年代后期提高利率以减缓资产价格上涨。相似地，在20 世纪 80 年代与 90 年代初期，日本银行由于没有试图避免资产价格泡沫的发展，最后被迫应对泡沫破裂的结果。但当时的主流思想是，资本市场对实体经济的影响有限，商业银行的信贷渠道是中央银行货币政策传导的主要渠道。另外，Bernanke 和 Gertler（2001）通过传统的财富渠道和资产负债表渠道，从资产价格对总需求影响上入手建模，发现中央银行对预期通胀积极反应能避免资产价格波动从而有效稳定经济，这一认识也获得了大批学者的支持。然而，进入21世纪以来，一系列新情况却再次将金融稳定问题摆到了人们面前。首先，全球主要发达国家普遍实施宽松货币政策，流动性充裕。其次，资产价格膨胀与持续的低通胀并存。1997—2007年，OECD国家流通中的货币与国内生产总值之比上升了1/3，流动性的充裕带来股票价格与房地产价格暴涨，但是通货膨胀率却以略低于2%的水平继续保持平稳趋势。这表明，流动性增加没有推动商品服务的价格上涨，而是推动了资产价格的上涨。2007年产生于美国的次贷危机迅速将本应只是行业危机的问题传导到了整个经济。这些促使人们反思：控制通货膨胀就一定能够实现经济稳定吗，中央银行是否应该把资产价格也当作货币政策的重要决策变量？对于这些问题，国内外学者展开了热烈的讨论。本书基于以上认识，试图实证检验中国货币政策是否对资产价格进行反应。

（二）泰勒规则的规范分析

在以上分析的基础上，本书得出中国适用泰勒规则的肯定结论，因此便可以对泰勒规则进行规范分析了。本书主要针对货币政策立场的规范进行分析。

国外对泰勒规则的规范分析大致可以分为两个时期。危机前主要是对美国大通胀时期和大缓和时期进行货币政策的评估，所得结论比较一致，而危机后的泰勒规则规范分析则受争议较大，主要围绕两个问题。首先是对危机原因的探究，以Taylor为首的学者认为，由于发生了“政策偏离”——美联储及其他中央银行设置了相较于泰勒规则规范形式利率更低的利率水平而导致危机的产生，虽然不少学者认可这一说法，但并未形成共识。其次是对危机期间量化宽松政策的正当性或必要性的讨论，具体来说，就是危机期间联邦基金利率是否为负值。如果答案是肯定的，就为美联储实施的量化宽松政策提供了正当性；如果答案是否定的，则说明并无实施量化宽松的必要。对此，Taylor 与以 Rudebusch、Meyer 为首的研究人员展开了争论。

规范研究的重要步骤是确定基准形式。本书在总结泰勒规则规范研究的历史文献以及最新观点基础上，结合中国实际情况，确定了四种形式的泰勒规则基准形式，这也是为了避免机械固守某一种规则形式而产生误导，继而将其与中国政策利率与市场利率的真实值进行比较，查看是否存在大的偏离。

二、研究方法

首先，实证分析与规范分析相结合。本章主体是泰勒规则的实证分析，在考虑测量问题的基础上，依次考察了简单形式的泰勒规则，分别添加利率平滑项、汇率变量和资产价格变量的泰勒规则扩展形式的中国适用性；在得出泰勒规则中国适用性的肯定结论后，我们就可以根据泰勒规则进行规范分析，本书确定了四种基准形式，对中国货币政策立场进行了历史评估。

其次，历史分析。泰勒规则的现实用途有两种：一是对货币政策历史进行考察，二是对未来决策进行政策指导。本书不试图对后一种进行研究，而是专注于刻画中国货币政策历史特点。另外，在货币政策规则的理论演变部分，本书从经济思想史的角度对泰勒规则的提出进行了描述。

三、创新与不足

（一）创新点

（1）本书将“规则”划分为两种理解方式：一种是将规则理解为与相机抉择相对的一种货币政策决策方式；另一种是根据规则“简单”的特点，将其理解为具体的规则种类。以这两种理解分类为问题辨识点，本书从经济思想史的角度概述了货币政策规则的演变过程。通过对上述历史事件与理论的回顾，我们不仅避免了对某一问题的孤立认识，而且可以更好地理解本书即将展开研究的泰勒规则产生的理论基础：它是建立在规则战胜相机抉择、利率规则取代货币供应量规则（以及其他规则）基础上提出来的。

（2）本书对泰勒规则研究涉及的两大问题——测量问题与变量扩展问题进行了较为全面的考察。具体而言，本书在考虑测量问题的基础上，运用最新的数据扩充样本区间，依次考察了简单形式的泰勒规则，分别添加利率平滑项、汇率变量和资产价格变量的泰勒规则扩展形式的中国适用性。

（3）本书利用泰勒规则规范研究进行中国“政策偏离”的首次尝试。无论是在学术论文中还是在实际决策中，货币政策规则在制定货币政策行动基准方面都非常有用（Bullard，2018），而存在规则就意味着存在偏离。因此，将货币政策规则作为一种经验法则或基准，在此基础上比较实际情况与规则所提出的建议，查看是否一致或存在偏离，就可以对货币政策立场进行评价。国外相关研究比较多，但国内文献以“政策偏离”为出发点的研究还不多见。

（二）不足之处

首先，由于中国还未确定基准利率的种类，而基准利率的备选种类又不止一种，因此本书基于文献中较常用的 Chibor 数据进行的研究只能是一家之言。

其次，本书多采用线性分析方法，仅在第三章中利用 Chow 检验对中国货币政策的结构转变进行了简单描写。鉴于中国经济高速发展、货币政策制度不断完善、关键经济变量表现特征变化，对中国货币政策进行非线性泰勒规则研究是可行的。

再次，本书采用的是事后修正数据，而非实时数据，而这可能会给结论带来影响。

最后，对“政策偏离”的研究还比较浅显。

泰勒规则研究是一个宏大的、关联性强的主题，本书会以上述问题为进一步研究的方向进行更深入的探讨。

第二章
理论回顾与文献综述

第一节　经济思想史角度下的泰勒规则

所有关于最优货币政策制度框架的讨论，一般都是从货币政策应该遵循规则还是相机抉择这一传统争论开始的（博芬格，2013）。该争论关注的是这样一个基本问题：中央银行是应该被赋予“依据自己的判断、不受到任何其他约束的决策权或执行权”，还是在中央银行法的法令中制定某种程序性“规则”（“一套确立的行动指导方针或规则”）[①]，而这些规则实际上能够把中央银行决策者变成（依规则行事的）“半自动机器人”。由此可见，关于货币政策“规则”的理解存在两种不同的含义。一方面，从货币政策决策方式的理解层面来看，货币政策“规则”是指一套确立的行动指导规范，即一种外界强加给中央银行的、具有法律条款（一般是中央银行法）性质的规定，它的主要作用是限制政策制定者的相机抉择权；另一方面，从规则存在不同种类的角度来看，货币政策“规则”是指能够给中央银行在决策过程中提供帮助的

① 这是由《韦氏新世界罗热同义词词典》给出的关于“相机抉择”的描述。博芬格．货币政策：目标、机构、策略和工具[M]．黄燕芬，等，译．北京：中国人民大学出版社，2013：131.

启发式规则或某种经验法则，其特点与“复杂”相对立，目的是使复杂的客观经济生活变得简单明了。本节以上述理解为基础，按照对“规则与相机抉择”争论研究的时间顺序，来理解货币政策规则的演变及泰勒规则提出的理论渊源。

一、古典金本位时期

设计一个合理的规则来实现货币稳定或其他政策目标，一直是货币当局和思想家的目标。一些历史学家将现代常说的“规则与相机抉择”争论追溯到罗马帝国或中世纪时期（Volkart，2007）。其实，在大卫·李嘉图（David Ricardo）、亨利·桑顿（Henry Thorndon）和沃尔特·白芝浩（Walter Bagehot）的时代，规则指导的货币政策才开始第一次在实践和制度上被重视。

历史上第一个可以称为“货币政策规则”的是金本位时期纸币与黄金之间的“可兑换规则”。根据这一规则，随时可以按固定价格将纸币兑换成黄金被视为货币政策的主要目标。法国大革命后，为了应对反法战争中出现的黄金外流，1797 年，英国停止纸币兑换黄金、脱离金本位，英国随即出现了通货膨胀，于是围绕“通货膨胀是否归因于英格兰银行过度发行纸币”这一问题，英国上下展开了大辩论，由此产生了银行学派（banking school）与通货学派（currency school）的分歧（详见附录 2）。通货学派的理论基础是货币数量论，认为若不对通货进行管理，则纸币过度发行就会造成通货膨胀，其提出的政策建议是恢复金币可兑换性，认为没有依据此原则而造成的货币发行过多是金融和银行危机的主要原因；而银行学派秉持回流法则（law of reflux），认为只要一个国家在管理货币发行时遵循一项“软”规则——真实票据学说，就不可能出现由银行信用过度扩张而产生的通货膨胀。1810 年公布的《金块报告》（*The Bullion Report*）赞成通货学派的观点，并间接导致了

1819年英国恢复纸币的可兑换。但是之后银行危机频仍，使得通货学派认识到，货币政策对黄金外流和汇率变动的反应是不稳定的、不正当的或者根本无效的。人们所需要的不仅仅是金币可兑换性，还有对货币数量的严格规定。经济学家和银行家开始讨论新的规则以代替"可兑换"规则。这个新规则就是"帕尔默法则"：将纸币发行集中到英格兰银行手中，与此同时限制它发行纸币的数量，使之不能超过可兑换的金银数量。1844年，《皮尔银行宪章条例》（皮尔法案）标志着通货学派最终获取了这一持续近半个世纪有关"规则与相机抉择"之争的政治胜利，它不仅进一步完善了"帕尔默法则"，而且在中央银行的管理制度建设上原创性地宣布将英格兰银行的货币发行部门与银行部门完全分开。

二、两次世界大战期间

牵涉众多国家的一战对各国的政治、经济等方面都有深远的影响。在货币政策领域，它对原有金本位时期可兑换规则的破坏导致了各国经济秩序的混乱，因此战后出现了一股潮流，号召根据一些立法承诺来重塑货币政策。货币规则在战后的前几年被经济学家认为是保持经济稳定的头号措施，主张恢复"硬币支付"规则，作为他们解决战时通货膨胀及减轻因贸易和实际产出造成大幅周期波动的"药方"。他们赞扬古典金本位制所代表的神圣和普世价值，认为如果黄金兑换在外部冲击（战争或信任危机）时被迫暂时中止，那么战争结束后必须在可行的情况下尽快恢复传统的铸币平价，必要时可以紧缩国内经济。这一看法在20世纪20年代也代表了英美等国政府官方的意见。

尽管恢复铸币平价的力量强大，但是同时期的经济学家对此却有不同的看法。Keynes（1924）等认为，黄金不再适合为货币制度提供天然的锚或规则（凯恩斯本人走得更远，认为以黄金为锚的金本位制是

“野蛮的遗迹”），金本位制不是一个可以自动管理货币体系的有效货币规则，而是一个由中央银行相机抉择的政治机构。为此他们制订了一系列不同于官方的稳定计划。这些稳定计划对贵金属在未来的货币体系中承担什么角色有不同的态度：一些计划中明确设计了黄金的贬值，但仍继续用贵金属作锚；另一些计划则认为黄金仅仅是为了支持国际贸易和中央银行的清算工作。这些计划的共同特点是，与外汇稳定（回想一下金本位时期的国际收支重要性）相比，国内价格稳定应该置于货币政策优先考虑的位置。

在这一时期，这场对货币政策规则的构想与辩论中充满着费雪式的影响。欧文·费雪（Irving Fisher）有两本书专门论述货币改革措施：《稳定美元》（1920）及《论十足货币》（1935），还有两本书《繁荣与萧条》（1932）与《通货膨胀》（1933）旨在强化他对货币改革的诸项建议。其中，他在《稳定美元》中提出了稳定国内价格水平的明确规则，即与物价指数反方向变更黄金的法定价格。他解释说，如果物价水平指数增加1%，那么美元黄金的购买力可以通过增加 1 美元的黄金含量来恢复，“要保持其他东西价格上涨或下跌的价格水平，我们要使黄金价格下跌或上涨”（1920）。他认为通过指数化计划可以实现稳定，这个指数会定期更新和发布。正如 Patinkin（1993）所言，这是一个现代意义上的规则。这个计划是一个自动稳定机制，通过简单改变价格，实现总体价格水平的稳定：“我的目标是使整个稳定计划包括黄金控制和信贷控制都是自动实现的，而不是相机抉择。”（Fisher，1920）

除了费雪之外，瑞典经济学家克努特·维克塞尔（Knut Wichsell，1899，1901，1906）提出了与现代方法有惊人相似之处的一整套货币政策处方。其基本特征包括：将价格稳定作为货币政策首要目标；将利率作为货币政策工具，其由中央银行结算时的贴现率控制；提出实行某种货币政策规则，根据该规则，政策工具若偏离目标则进行调整。与费雪提出的规则不同，维克塞尔规则摆脱了商品可兑换限制，其利率可以根据银行的相机抉择而改变。正如一些人所认为的（Bernanke et al.，1999），维克塞尔规则是一个强调中性利率的约束管理原则，这可能与其时代背景有关。当时的利息理论集中在研究生产力的"实际"力量上，而"近几十年货币当局的行动和失业的存在已严重地冲淡了新古典理论中已仔细考虑过的实际力量的影响，其结果是，经济学家在很大程度上已不再关注实际利息理论"，而是一种"货币利息理论"（布劳格，2009）。事实上，近年来一些学者（如 Clinton，2006）认为，维克塞尔规则是为了稳定通货膨胀率而不是稳定价格水平，它适合于通货膨胀目标制，而不是为了价格稳定目标设计的。

当大萧条来临时，在支持完全相机抉择与实行政策规则之间，经济学家之间爆发了尖锐的冲突。正如劳克林·柯里（Lauchlin Currie，1933）在大萧条期间写的那样，在确定适当的中央银行政策这样一个棘手而艰巨的任务中，使用规则似乎使中央银行的任务变得更加难以实现，而相机抉择更适合它。1936 年，亨利·西蒙斯（H. C. Simons）发表《货币政策的规则与当局之争》标志着现代意义上的规则与相机抉择之争的开端。

西蒙斯是芝加哥学派的创始人之一，现代芝加哥学派的许多中心观念来自他在 20 世纪 30 年代所写的论文。他认为，货币政策应该有利于支持不是自由决定的、能够控制货币供应量的货币规则；应迫使银行保持其存款额的百分之百的准备金。对于大萧条原因的解释，他一方面承认货币政策是有效的，另一方面承认大萧条是货币管理失当的结果，所以他给出的政策建议是"规则"这一"药方"。而主张相机抉择的凯恩斯学派不承认货币政策的作用，认为只有财政政策才能解决经济危机。

在凯恩斯的眼里，他“信任人的智慧，他痛恨被规则指使。他希望各国政府有相机抉择权，希望经济学家在政府行使相机抉择时能够给予协助”（Cairncross，1978）。

虽然双方各执一词，但是很明显，“众神确实站在他（以Keynes及Hansen为代表的凯恩斯学派）的一边。他所提出的正是我们许多人，以我们现实和绝望的情绪，对未来趋势的预见结果”（Simons，1939）。不过，西蒙斯的主张虽然在当时被凯恩斯的光芒所掩盖，但是给我们留下了影响后来货币政策规则发展的历史遗产，这就是预期和黏性价格。西蒙斯曾用黏性价格建立了一个劳动力市场的预期增强模型。西蒙斯认为，一方面，过度的繁荣和萧条可以归因于商业银行体系；另一方面，由于价格越来越充满“黏性”——价格变得相当不灵活，特别是当存在价格下降压力时，价格尤其没有弹性。

三、二战之后

（一）弗里德曼对货币政策规则研究的贡献

在货币政策重要性被经济学家“冷落”多年后，米尔顿·弗里德曼（Milton Friedman）凭借《货币数量论研究》（1956），使失去信誉的旧的货币数量论“起死回生”，给认为“货币很重要”的反凯恩斯学说以新的“生命”，货币政策重又受到理论界的重视。他曾指出：“大概没有哪种经济中所能观察到的经验关系，像货币存量和价格短期实质变化之间的关系那样，在如此广泛的变化环境下发生得如此协调一致；这一个与另一个不变地连在一起，并按同一方向变化；我觉得，这种协调一致具有像形成物理学基础的一致性那样的同样的条理。”按照货币数量论，国民经济的物价水平实质上取决于货币（硬币、纸币和活期存款）的供给。首先，弗里德曼论述过去在物价水平的每一明显变动之前，总是有货币供给增长率的显著变动；其次，他认为经济活动总水平的下降和上升总是由货币供给的急剧变动引起的。由于他不相信政府有实现“微调”的能力，他提出的补救方法是制定一项法规，自动地把货币供给增长率与实际国民生产总值增长率联结在一起，即货币调控方式以规则方式取代以往的相机抉择。

（二）卢卡斯批判与理性预期革命[①]

20 世纪 70 年代是“凯恩斯主义经济学之死”的十年，它标志着凯恩斯主义信奉的菲利普斯曲线的失败，因为它没有认识到通货膨胀预期的微妙之处，而卢卡斯批判在这个“死亡之声”中扮演着重要角色（Sargent，1996）。

20 世纪 70 年代初，凯恩斯学派的货币和财政政策在解决美国及其他国家的宏观经济问题时失效，若干经济学家开始探讨其原因及解决办法。罗伯特・卢卡斯（Robert Lucas）与托马斯・J. 萨金特（Thomas J. Sargent）同时想到，其原因或许与穆斯（Muth，1961）就股票市场无法预测问题所提出的原因相同。经济当事人并不是简单地使自己的行为适应预期事件与现实事件之间出现的差异（预测误差），如果是那样的

① “理性预期”一词最早见于穆斯(1961)对“为什么任何法则、公式或模型在预测投机市场的价格上没有始终如一获得成功”这一问题时给出的假设回答。在当时流行的模型中,家庭和公司对未来经济变量趋势的预期往往被忽略,即使考虑,也只是由近期观测值的趋势推定出来。例如,与消费、储蓄或工资相关的未来通货膨胀预期被假定为依赖于过去数月或数年的通货膨胀观测值。而穆斯则认为,理性代理人应该利用所有可得信息,不仅是当前及过去值,还应包括其他影响变量,最终形成对未来的理性预期。由于之前的模型(如适应性预期)中没有将所有可得信息考虑在内,因此是非理性的。理性预期用模型表达,即为: $Z^{\alpha}_{t,t+1} = E(Z_{t+1} \mid I_t)$ 。其中, $E(Z_{t+1} \mid I_t)$ 是变量 Z_{t+1} 关于 I_t 的条件期望值, I_t 代表在时刻 t 可得的所有信息,即代表性经济个体在决策时了解的所有相关变量。这些变量可以是变量 Z 的现值、过去值,以及影响 Z 的变量。根据这一假设,在理性预期下,预测误差(预测值与实际值之间的差异)仅仅来自那些无法预测的事件,是随机的。给定所有可得信息,理性预期已经是基于这些信息可以得到的最佳期望值,所以预测误差是不能被预测的。外汇市场乃至金融市场都是如此:一个人不能通过对汇率趋势做出准确预测而盈利,因为市场参与者形成的理性预期已经包含了汇率决定因素的所有可得信息。

话，在不断上升的通货膨胀时期，他们就会一再失望；反之，他们应该被设想为根据与政策制定者得到的完全相同的信息以形成他们的预期。旨在减少失业的扩张性财政政策或宽松性货币政策被人们正确地预期，从而导致更高的物价。因此，私人开支加速，结果是还没怎么影响如产量和就业等实际变量就导致即时的通货膨胀，即产生“通货膨胀偏差”。卢卡斯就此认为，由于经济当事人的预期是“理性的”，货币及财政政策只在极短时期对实物产出和就业起作用，而政府若想取得实际政策效果，唯一的办法就是出乎公众意料，采取突然袭击，但是这种方法只能奏效一两次，公众迟早会正确预期任何系统性的政府政策，到那时，除了很短暂的期间外，失业决不会偏离它的自然率。

为证实这一“新”理论，必须运用新的经济计量模型，以取代之前的模型。“卢卡斯批判”针对的就是之前在政策效果评估中使用大量行为公式（消费、投资等）构成的宏观经济计量模型。他指出，使用这类宏观经济计量模型来测算经济政策变化的系统影响是不正确的。例如，在标准化的模拟中，使用这类模型来估计从货币数量目标向通货膨胀目标的转变效应，或估计从固定向浮动汇率的转变效应，是不正确的。这是由于在代表性经济个体的模型中，模型参数估计基于历史，而系统性政策调整已被纳入人们的预期，从而影响他们的行为。经济政策的变化会导致模型结构的变化，接下来，又需要重新估计、改变未来的政策。因此，模型不能视为恒定不变。

卢卡斯批判及其有关货币经济周期的理论，将“理性预期”正式引入宏观经济分析当中，引发了对经济问题革命般的重新思考。而在此之后，由 Kydland 和 Prescott（1977）提出的“时间不一致性”问题更是成为 20 世纪 80 年代货币政策大争论的导火索。

（三）"时间不一致性"与"通货膨胀偏差"

"时间不一致性"，简单来说，就是某一项主张在今天是最优的，但是到明天就不再如此，从而需要中央银行重新最优化其政策。Kydland 和 Prescott（1977）证明了在理性预期的前提下，最优政策在事前和事后并不一致，事前的最优在事后可能只是次优选择，以此认为应摒弃相机抉择，遵循单一政策规则。如果新的、未预期到的经济冲击造成了对初始计划的偏离，那么重新最优化完全是合理的。但是，问题的严重性在于，如果中央银行多次试图欺骗民众、故意使政策偏离的话，如宣布实施低通货膨胀政策，但是后来为了降低失业率又食言了，那么中央银行的重新最优化行为（每次的相机抉择）可能不是最优选择，而是一个次优选择，因为这其中产生了"通货膨胀偏差"，同时还破坏了中央银行的信誉。

Barro 和 Gordon（1983）最早发现货币政策实施过程中的"通货膨胀偏差"，并使之模型化。该模型得出的结论是，即使在对相机抉择最有利的假设条件下，货币政策遵循外生性规则仍然是更好的制度安排。这个结论基于一点，即中央银行和私人部门之间进行的是非合作博弈，因此，最优的解决方案——突发性通货膨胀——是不发生的。因为私人部门知道中央银行的最优化过程（理性预期），故能预见在任何情况下中央银行的通货膨胀率目标值都是正的——无论他们的预期通货膨胀率是大于还是等于零。对私人部门而言，其占优策略是使自己的预期与中央银行基于模型实际选择的、正的通货膨胀率相一致。同时，中央银行也假定私人部门已经成功地预见到该通货膨胀率。这样，理性预期导致在均衡条件下预期通货膨胀率等于实际通货膨胀率，因此私人部门也预见到中央银行的占优策略是实现基于模型的通货膨胀率。这一均衡就是我们所熟知的纳什均衡。在理性预期条件下，任何其他的通货膨胀率都将导致更高的社会成本。因此，突发性通货膨胀不会发生，而接下来中央银行的最优选择只有实施货币政策规则了。

（四）泰勒的思想积淀与转变

泰勒的求学阶段正是弗里德曼与理性预期革命绽放光彩的时期。他的博士学位论文就是关于货币政策规则的，针对的是在未知参数的模型中找到一个好的政策规则，不过当时对于哪个政策工具加入政策规则才能获得模型参数的更多信息并未明确。他的博士学位论文的主要发现是，在许多模型中，仅仅遵循一个简单的规则就能得到一个很好的近似，这为他之后的研究提供了一个基准想法。

泰勒早期从事与货币政策研究相关的工作，其在 CEA 工作期间，发表了用理性预期方法实证研究货币政策规则的论文（Taylor，1979）。他在文中提出的货币政策规则与后来的泰勒规则在方程右边具有完全相同的变量（区别是将货币供应量放在了方程左边）；另外，这篇论文还提出了“泰勒边界”（Taylor frontier，也称泰勒曲线），用以描述通胀与产出的短期权衡，以及一个简单的交错价格设置模型。随后，泰勒在此文基础上，提出了更具标志性的“交错合同”模型，为名义刚性提供理论支持（Taylor，1980）。上述论文受到了新、旧两派（新派是以卢卡斯为代表的理性预期派，旧派以凯恩斯主义为代表）人士的青睐，因为它弥合了当时理论界流行的理性预期与真实经济周期派根据弹性价格假设得出的货币政策无效论，与央行实务操作层面迫于现实压力急需寻找肯定货币政策作用模型的努力之间的鸿沟，也为后来泰勒规则的提出奠定了理论基础。后来，泰勒在费城联储工作期间，密切关注美国货币政策的发展，对于弗里德曼倡导的货币供应量规则进行了比较研究，在此基础上，提出了名义 GNP 目标规则（Taylor，1985）。他认为，该规则的优点是简单，且具有很强的现实解释力，二战后大部分时间里，美联储都可以被认为使用的是名义 GNP 规则。但是它有一个根本缺陷，就是当其与简单的价格调整方程相结合时，会造成超调和“繁荣—萧条”的经济周期。20 世纪 80 年代末，货币供应量作为中介目标越来越难以为继（1987 年 2 月，美联储宣布不再设定 M1 目标），学术界将研究目标更多地转向了利率上。于是利率规则也渐渐进入泰勒的视野。

第二节　泰勒规则研究文献综述

泰勒规则的原型其实脱胎于布鲁金斯学会 1990 年 3 月围绕货币政策参数设定发起的一个研究项目。当时许多学者参与其中，而他们均在 1992 年举办的卡内基—罗切斯特（Carnegie - Rochester）会议上就货币政策规则问题提出了各自的主张。当时该研究项目得出如下结论：短期名义利率 i 与其基准利率的偏差，与选定变量 z 及其该变量的目标 z^* 之间的偏差呈一定比例关系，即：

$$i - i^* = \theta(z - z^*) \tag{2-1}$$

通过对不同变量进行研究和比较，最终确定有两种变量组合可以引致较好的经济表现。一种是价格水平 p 和实际产出 q 的组合，即名义收入（$p+q$），可以称为“名义收入目标制”；另一种是通胀和实际产出的变量组合，称为“实际产出加通胀目标制”。

$$i - i^* = \theta[(\pi - \pi^*) + (q - q^*)] \tag{2-2}$$

这一公式的变体为：

$$i - i^* = \theta_\pi(\pi - \pi^*) + \theta_q(q - q^*) \tag{2-3}$$

这一公式后来成为泰勒规则的原型。

一、泰勒规则的提出

泰勒（1993）通过对美国以及英国、加拿大等国货币政策实践研究发现，在各种影响物价水平和经济增长率的因素中，真实利率是唯一能够与物价和经济增长保持长期稳定相关关系的变量。继而他认为，货币当局应当以调整真实利率为目的来操作货币政策。用公式表示为：

$$i = r^* + \pi_t + \theta_\pi(\pi_t - \pi^*) + \theta_q(q - q^*) \tag{2-4}$$

其中，i 是联邦基金短期名义利率目标值，r^* 是均衡的实际联邦基金利率，π_t 代表通货膨胀率，π^* 是短期目标通胀率，$(q - q^*)$ 是产出缺口。泰勒将均衡实际利率和目标通胀率设为 2%，通胀反应系数和产出缺口反应系数均设定为 0.5，因此就形成了现在我们熟悉的泰勒规则：

$$i = 2 + \pi + 0.5(\pi - 2) + 0.5(q - q^*) \tag{2-5}$$

泰勒规则体现了货币政策规则的两个重要特征：第一个重要特征是，它规定名义利率对通货膨胀率变动的反应大于 1:1。这种特性被称为“泰勒原理”（Taylor Principle）（Woodford，2001）。在大多数现有的宏观经济模型中，必须满足这一条件（或它的变体），才能获得唯一稳定的理性预期（参见 Woodford 于 2003 年的完整讨论）。这一原则背后的基本逻辑是很清楚的：当通货膨胀上升时，货币政策需要提高实际利率，以缓解经济增长和降低通胀压力。具体来看，将式（2－4）中的参数 r^* 和 π^* 组成一个常数项 $\mu = r^* - \theta_\pi \pi^*$，得到如下方程：

$$i = \mu + (1 + \theta_\pi)\pi + \theta_q(q - q^*) \tag{2-6}$$

如果 $(1 + \theta_\pi) < 1$，则表明名义利率上升的幅度小于通货膨胀上升的幅度，这将使实际利率不升反降，从而加剧通货膨胀，是不稳定的货币政策。根据泰勒对通胀和反应系数的假设，即均为 0.5，以及假设均衡实际利率和通胀目标均为 2%，得出以下方程：

$$i = 1.0 + 1.5\pi + 0.5(q - q^*) \tag{2-7}$$

可见，稳定性货币政策要求名义利率的上升幅度超过通胀上涨幅度，只有实际利率随着通胀率的上升而提高，货币政策当局才能有效控制通货膨胀，这与 Wicksell（1898）提出的自然利率（中性利率）和经济均衡条件的思想是一致的。

第二个重要特征是货币政策“逆风而行”，即当实际 GDP 高于潜在 GDP 时，货币政策的反应是将利率提高一个特定的数额；当实际 GDP 低于潜在 GDP 时，货币政策的反应则是将利率降低相同的数额。通过这种方式，货币政策使经济回到目标通胀和潜在产出水平上。

二、泰勒规则研究扩展

泰勒规则一经推出，便受到了众多国家或经济体中央银行的欢迎。学术界对利率规则的研究也表现出极大的兴趣，纷纷从各个角度进行完善与扩展，大致可以分为两个方面的内容：测量问题和变量扩展问题。其中，前者包括对央行预期方式的选择、反应系数的选择、变量指标的选取与测算问题；后者包括在泰勒规则右式添加利率平滑项、汇率变量、资产价格变量。

（一）央行预期方式：滞后还是前瞻

根据美联储 FOMC 的记录，第一次提到泰勒规则是在 1995 年 1 月 31 日至 2 月 1 日的 FOMC 会议上。在那次会议上，珍妮特·路易丝·耶伦（Janet Louise Yellen）描述了该规则及其自 1986 年以来与实际 FOMC 政策决定密切接近，并建议按该规则目前要求 5.1% 的基金利率来实施货币政策。1995 年 11 月，美联储工作人员开始向 FOMC 会议成员提供包括泰勒规则在内的各种版本的图表。就在此次会议上，董事会成员注意到泰勒规则是基于能够及时获得数据这一并不现实的假设。

人们对此问题的解决方法有两个：一是认为对未来的预测值是基于当前和滞后的数据，应该依据上一期的通货膨胀及产出数据作为政策决策的信息集，此为滞后性利率规则（也称“后顾性利率规则”）；二是依据对未来经济变量的预期而形成的前瞻性规则。一些学者认为，成功的货币政策并不是对隔夜利率的有效控制，而是对利率、通货膨胀和收入今后将会如何演变的市场预期进行调整。从这个理解出发，泰勒规则中通货膨胀和产出数据就不应采用滞后值，而应根据变量的前瞻预期值进行利率的调整。

泰勒（1999）认为，采用预测值的前瞻性规则并不比对当前值或滞后值反应的规则更稳定。虽然 Haldane 和 Batini（1998）、Rudebusch 和 Svensson（1999）的前瞻性规则可以改善经济表现，但改善效果并不明显。例如，根据 Haldane 和 Batini（1998）计算，将通货膨胀预期时间设为 6 个季度时，其通货膨胀的变动标准差为 1.3%，而基准规则（泰勒原式）变动标准差为 1.4%；产出变动标准差为 0.9%，而基准规则为 1.1%。继而他将上述前瞻规则应用于欧洲央行的货币政策进行实证检验，结果显示，与基准规则相比，这一前瞻规则虽然改善了意大利的经济表现，但使德国和法国的经济变化波动更大，因此该前瞻规则并不比基准规则更具优势。

Clarida，Gali 和 Gertler（1999）通过建立货币政策的“新凯恩斯”模型，认为中央银行的真正目标应是确定通货膨胀与产出缺口的预期值，以此来设定短期利率。按照这一前瞻性思路，中央银行并不试图控制当前的通货膨胀或者产出缺口，而只是调控它们的预期值，这是因为货币政策传导机制的时滞使得中央银行无法调控当前的变量。继而，Clarida，Gali 和 Gertler（2000）将这一模型应用于前瞻性泰勒规则的实证检验中，对美联储不同历史时期的货币政策进行估计，发现通胀反应系数在沃尔克执政前后有明显不同①，这说明美国的货币政策确实发生

① 通货膨胀反应系数 β 值在前沃尔克时期小于 1（$\beta=0.83$），而在 Volcker - Greenspan 时期则远远大于 1（$\beta=2.15$）。

了某种改变。Batini 和 Nelson（2000）也根据前瞻性方程进行实证检验，得出了相似的结论。Mehra（1999）将通货膨胀预期引入前瞻性模型，对美国 1979—1997 年的政策反应函数进行了检验。结果表明，1979 年后的美国联邦基金利率对于长期债券利率的变化能够进行显著的反应。Orphanides（2003）通过美国自美联储成立以来的各个时期使用泰勒规则框架来研究美国货币政策演变。他发现，采用预测值的泰勒规则对 20 世纪 70 年代政策的刻画比采用当前值的泰勒规则要好，另外在 1994 年左右的政策转型时期也是如此。因此他认为，采取预期变量的泰勒规则描述了对通胀的先发制人政策，而采用当前值的泰勒规则不具备这种特征。

泰勒规则的变量究竟应该采取当前值（滞后值），还是应该采取预期值，理论界至今仍无定论。或许 Levin，Wieland 和 Williams（1999）的看法可以总结这一分歧："与最优的基于结果的规则[①]对通货膨胀、产出缺口和滞后利率的反应相比，基于预测的规则在稳定通货膨胀、产出和利率方面至多也只有很小的优势。"

当前值与前瞻值的分歧也反映在泰勒规则的规范分析中。早在 1997 年，FOMC 成员劳伦斯·H. 梅耶（Laurence H. Meyer）就提到，如果用预测值来表示泰勒规则中的通胀和产出缺口，而不用当前值，则泰勒规则给出的政策建议会变成立即紧缩。2003 年，当美国经济好转时，这个问题再次出现。当时 FOMC 考虑是否要提高联邦基金利率，以及在当时 1% 的利率低点上采取什么加息方式。Bernanke（2003）指出，后顾型的泰勒规则建议联邦基金利率水平为 1.5%，然后利率会逐步提高，到 2005 年底将达到 3.5% 的水平；相比之下，前瞻性的泰勒规则意

① 在一些文献中，原始形式的泰勒规则被称为"基于结果的规则"，而采用预测值的泰勒规则被称为"基于预测的规则"。

味着紧缩过程要慢得多。按照前瞻性泰勒规则的建议，“到 2004 年底，基金利率将仅仅达到 1.5%，而不是后顾型规则预测的 2.25%”（Bernanke，2003）。2008 年国际金融危机之后，有关危机原因的讨论中也涉及了这一问题。Taylor（2007）以原始形式的泰勒规则作为基准，认为联邦基金利率比泰勒规则利率低 3%，这导致了房地产泡沫，并对后来的国际金融危机和大衰退产生间接影响，而 Bernanke（2010）则反驳说，如果使用泰勒规则的通货膨胀预测值而不是当前值，则美联储的政策是适当的。

（二）反应系数赋值大小

如前所述，泰勒规则隐含的“泰勒定理”认为，通货膨胀率反应系数应该高于一个关键的“稳定门槛”。事实上，与 20 世纪 60 年代和 70 年代相比，美国 80 年代和 90 年代的货币政策效果更好的表现之一就是通胀反应系数从低于这个稳定阈值增加到高于阈值。与通胀反应系数取得的共识相比，当前许多研究将泰勒规则根据不同的产出缺口反应系数划分为系数是 0.5 和 1.0 的两种形式。

为什么要采用产出缺口系数为 1.0 的泰勒规则？在泰勒规则中，通胀与产出缺口的权重相同并不总是适当的。一般的经济直觉是，通货膨胀反应与产出缺口的反应相比有一定的滞后性。因此，利率应该对产出缺口做出比通货膨胀更积极的反应。所以，人们在泰勒规则提出后就开始进行系数的实证研究。Ball（1997）通过建立一个包含动态 IS 方程和加速菲利普斯曲线方程的简单宏观经济模型，经过校准估计出产出缺口系数太低，认为货币政策对产出波动反应不足，产出系数应该更大，否则无法在价格抬升时抑制通胀苗头，在经济低迷时对抗紧缩。Taylor（1999）比较了产出反应系数较低的基准规则（$i = 1.5\pi_t + 0.5y_t$）与产出反应权重较大（系数为 1.0）的利率规则，结果发现，虽然后者的产出波动较小，但通胀与利率的变化幅度较大，因此后者的经济表现并不优于基准规则。Rudebusch（2006）估计了1987年第四季度到2004年第四季度的泰勒规则方程，得到的产出缺口系数为0.92。

出于对上述实证结果的考虑，在泰勒规则的规范分析中，人们开始将产出系数分别为0.5和1.0的两个泰勒规则形式一并纳入考量，试图分析两者在政策建议上有无区别。Taylor（1999）发现，产出缺口反应系数分别取值0.5和1.0的两个泰勒规则所给出隐含利率走势相差不大。但是在金融危机之后，这两个不同规范的规则所给出的利率建议却差异明显，其政策含义大相径庭。例如，在金融危机爆发初期，在对于“实施量化宽松政策是否必要”的讨论中，估计的前瞻性规则建议基金利率在 -5% 附近（Guha，2009；Rudebusch，2009；Meyer，2009）。由于基金利率不能降到零以下，因此被看作建议美联储采用非常规手段，如信贷市场干预和数量宽松，以进一步刺激经济。相比之下，原始形式的泰勒规则表明，利率只是接近于零，并未降至零下，因此量化宽松政策并无必要（Taylor，2009）。两者的结论之所以差异明显，除了通胀是否前瞻之外，产出反应系数取值不同也是重要原因。若采用产出反应系数为1.0而不是0.5的泰勒规则，根据国会预算办公室（CBO）2009年计算的产出缺口为 -6.6%，仅此一项就将隐含利率降低了3.3%。而对于之前Taylor（1999）得出的较一致结论，Nikolsko - Rzhevskyy和Papell（2012）认为是由于泰勒当时采用的用修正数据进行HP退势方法得出的产出缺口过小导致这两个规范的规则利率区别不大。时至今日，在美联储的货币政策决策中，仍会分别考虑产出系数为0.5和1.0的泰勒规则建议。发布频率为半年度的美联储《货币政策报告》从2017年7月开始，就明确将包括这两个形式的泰勒规则向公众进行展示。

（三）变量指标的选取与测算问题

1. 通货膨胀指标

衡量通货膨胀有众多指标，比如泰勒规则最初使用的 GDP 平减指数、研究运用最广泛的消费者物价指数（CPI）、美联储货币政策决策所倚重的个人消费支出（PCE）等①；另外，还有总体（headline）通胀和核心（core）通胀之分。CPI 通常要比 PCE 高一些，而核心通胀，即不包括食品和能源价格变化的通胀，比总体通胀波动性小，美联储通常用其来估计货币政策规则，并认为它是未来总体通胀一个很好的预测因素②，采取不同的通胀指标会给泰勒规则的实证和规范研究造成不同的影响。比如，对于 Taylor（2007，2010）提出的“利率偏低”导致经济危机的说法；Kohn（2007）认为，如果用核心 PCE 而非 CPI 来衡量通货膨胀，那么危机前美联储的政策是严格遵循泰勒规则的。

2. 均衡实际利率

均衡实际利率来源于 Wicksell 的“自然利息率”一词，原指在不使用货币、一切借贷以实物资本形式进行的情况下，供求关系所决定的利率。Wicksell（1899）受仅考虑货币媒介功能的萨伊定律场景启发，认为自然利息率与商品市场相对价格的关系中立，既不会使之上涨，也不会使之下跌，代表了货币真实而稳定的供求状况。而在实际经济活动中，由银行借贷活动产生的实际利息率（银行利率），则代表了资本市

---

① CPI 和 PCE 都是判断美国通胀的重要指标。历史上 CPI 受到的关注度更高，也是国际上讨论通胀的通用指标，这在很大程度上是因为美国劳动统计局（BLS）发布 CPI 的时间（统计月结束后的 2 ~ 3 周）要早于美国经济分析局（BEA）发布 PCE 的时间（统计月结束后四周）。一般来说，CPI 对于市场的影响更大。不过，随着美联储于 2000 年将 PCE 纳为其判断通胀的主要指标，市场也越来越重视 PCE。如果 PCE 与 CPI 的指向不一致，则很有可能对资本市场的走势产生影响。

② Bullard（2011）对核心通胀的三个支持观点进行了反思与批驳，认为应该放弃对核心通胀的强调，转而重视总体通胀。

场借贷双方的实际供求关系。继而 Wicksell（1899）在考察实际利息率围绕自然利息率波动中发现了其与价格变动的关系。现在我们所说的均衡实际利率与自然利息率都是指市场出清、投资等于需求时的利率，具体而言，是指与经济中长期（5 ~ 10 年）潜在增长一致，产出缺口为零，同时又不会引发通货膨胀的充分就业条件下的自然利率。

均衡实际利率之所以形成研究热点，与人们解释金融危机的原因有关。Taylor（2009，2010，2016）认为，对金融危机前货币政策设置利率过低、偏离泰勒规则利率水平，是金融危机产生的原因；而其他人则表达了对均衡实际利率下降的因素考虑（Bernanke，2010；Hofmann et al. ,2012），如 Hofmann 和 Bogdanova（2012）认为，大缓和时期的“大偏离”（Great Deviation）或许反映的是较低的均衡实际利率水平，这有可能导致传统泰勒规则受到向上调整的压力影响。如果均衡实际利率真的低于真实产出趋势增长率，那么全球利率低于泰勒利率就能解释得通了。Kozicki（1999）的估计结果表示，美国均衡实际利率水平随样本区间的变化而变化，这表明均衡实际利率水平可能并不是常数，还有可能会随着时间推移而变化。

Laubach 和 Williams（2003）是进行均衡实际利率估算研究的先驱者之一，在此之前，有关货币政策规则测量不确定性的工作主要围绕潜在产出和通货膨胀。金融危机后，对于这一主题的研究逐渐多了起来（Barsky，Justinaino and Melosi，2014；Curdia，2015；Laubach and Williams，2015），他们的实证研究表明均衡实际利率是持续下降的，由此产生了对货币政策规则的负面影响。以上观点并非没有受到挑战，最近的一次挑战是由 Taylor 和 Wieland（2016）做出的反击。他们指出，低利率政策更可能是经济政策而非均衡实际利率下降导致的。具体来说，上述研究方法存在遗漏变量，甚至遗漏方程问题，因此不能说明均衡实际利率是下降的趋势。

3. 产出的实时数据

Orphanides（2000）研究表明，20 世纪 70 年代，美国产出缺口的真实时间数据有很大的误差，导致了对经济增长潜力的高估。他认为，这是当时出现高通货膨胀率的主要原因："有证据表明对经济生产能力的错误判断是20 世纪 70 年代出现高通货膨胀率的主要原因。"继 Orphanides（2000）之后，对泰勒规则的绝大多数研究都使用了决策者在制定利率决策时可获得的实时数据。

（四）变量扩展

利率规则的许多其他问题都涉及是否应该在规则中引入更多的变量。其中，最受关注的三种额外变量包括滞后利率、汇率，以及资产价格指标（在有关泰勒规则中国适用性的研究中，中国学者还尝试加入了货币供应量指标）。

1. 滞后利率——利率平滑考虑

许多研究在泰勒规则中添加滞后利率项，已成为一种标准形式，它反映了中央银行期望使利率平滑的意愿。Lowe 和 Ellis（1997）、Sack 和 Wieland（1999）最早对这一平滑行为进行了理论解释。利率平滑调整增强了对长期利率的影响，因为会让市场参与者预期这种变化持续下去，进而在定价方面将这种预期体现出来。同时，平滑调整还减少了政策失误的可能性。另外，中央银行可能会比较关注政策行为对金融体系的影响。如果市场没有足够的能力去对冲利率风险，那么大幅利率变化将会使市场参与者产生损失，增加了系统金融风险。虽然 Goodhart（1999）认为在充满不确定性的情况下，最优的政策调整应是允许利率随意按不同方向调整，但实际上，许多中央银行仍然不愿轻易改变利率调整方向，尽量使利率能够沿着相同的方向缓慢移动。式（2-8）中显示的是在泰勒规则中引入利率平滑因素，假设实际利率是部分地对目标利率进行调整的：

$$r_t = (1-\rho)\, r_t^* + \rho\, r_{t-1} + v_t \tag{2-8}$$

其中，$\rho \in [0,1)$ 是利率变化的平滑系数，v_t 是零平均值的外生利率冲击，r_t^* 为货币当局调整的短期目标利率。利率外生冲击 v_t 既可以表示联储未能将利率调整到政策规则表示的水平，比如在货币需求冲击下，联储采用的非利率工具；也可以理解成是联储故意偏离规则水平（这才是真正的政策冲击）。关于平滑系数 ρ 的实证估计，Levin，Wieland 和 William（1999）以及 Sack 和 Wieland（1999）对美国货币政策规则进行的分析表明该系数分别达到 0.795 和 0.630，这些研究显示美联储的利率机制具有较显著的惯性。而对其他国家的实证研究（Clarida，Gali and Gertler，1999）也证明了利率平滑的存在。Orphanides（2001）通过对实时数据及当时数据的对比分析发现，两种数据下的利率平滑都十分显著，这说明在对泰勒规则的事后分析中，引入利率平滑的模型与实际观察到的利率政策更相符合。

2. 汇率

泰勒规则针对的是封闭经济中的最优货币规则，如果将一国的货币政策（利率）反应函数放置于开放经济中，由于汇率升值与利率上升一样会抑制经济活动，降低既定总需求水平下的利率，因此利率规则将会呈现不同的形式。Ball（1999）对开放经济中的利率规则做了首次尝试，将汇率加入货币政策规则的基准模型中，其发现这样做可以改善小型开放经济模型的经济表现。具体来说，他是分两步将汇率添加进政策规则的：首先，他采用货币条件指数（MCI）取代利率作为政策工具，MCI 是一个利率和汇率的加权和，其中，利率的权重为 0.7，汇率的权重为 0.3；其次，在政策规则中将滞后汇率变量添加进来。两步操作后，呈现给我们的就是，在政策规则方程的右边添加了汇率的当前项和滞后项。Ball（1999）发现，如果保持通胀波动不变，添加进汇率项后的产出波动可以减少 17%。换言之，添加汇率后的利率规则表现更好。

为了检验 Ball（1999）的结论，Taylor（1999）比较了欧洲央行分别采取的基准规则（$i = 1.5\pi_{EMU} + 0.5y_{EMU}$）与 Ball（1999）提出的包含汇率的利率规则：

$$i = 1.5\pi_t + 0.5y_t - 0.25e + 0.15e(-1) \tag{2-9}$$

结果显示，对汇率反应的利率规则没有明显的优势。德国、法国和意大利的通货膨胀率与基准规则相比变化不明显。然而，德国的产出波动大幅上升了 33%，意大利的产出波动也增加了 25%，这是与 Ball（1999）所使用的小型开放经济模型大不相同的结果。

Batini，Harrison 和 Millard（2001）认为，基于 MCI 的泰勒规则难以适应货币政策，为应对频繁的汇率冲击，他们建立了一个贸易品和非贸易品的两部门开放经济动态随机一般均衡模型，采用英国的数据进行模型校准，结论表明，简单的 IFB（Inflation - Forecast - Based）规则最优。然而，Kam（2007）发现，在引入利率平滑机制后，跟传统的泰勒规则相比，具有利率平滑特征的泰勒规则更能促进社会福利水平的提高，但是一旦采取严格的 IFB 规则，上述结论就不再成立。如果在 IFB 规则引入对当前产出缺口和通货膨胀水平足够灵活的调整机制，那么开放经济下利率平滑的泰勒规则依然可以导致社会福利水平最优。

Taylor（2001）也讨论了开放经济条件下的泰勒规则扩展问题，他提出的修正式为：

$$i_t = c + \alpha_1\pi_{t+12} + \alpha_2 y_t + \alpha_3 e_t + \alpha_4 e_{t-1} + \alpha_5 i_{t-1} + \varepsilon_t \tag{2-10}$$

其中，e_t 和 e_{t-1} 表示当期及上一期有效汇率对数值的一阶差分。根据标准泰勒规则计算出来的 $\alpha_3 < 0$，α_4 可以是大于零也可以是小于零的

任何数。

除了上述研究外，还有一个研究分支是考察汇率不确定性对经济传导机制的影响，这一研究与新兴经济体特别相关。Leitemo 和 Söderstöm（2005）在对汇率决定的真实模型存在不确定性时研究了政策规则的选择问题，发现标准的反应函数与包括汇率在内的反应函数相比，其稳健性要稍强一些。然而，Wollmershäuser（2006）在考察了更广泛的政策规则以及汇率不确定性的类型后，得出了相反的结论。在存在不完全汇率传递（PTM）情况下，以及在各部门中存在商品消费的不完全替代情况下，也发现了抑制汇率波动的证据。

3. 资产价格

随着资本市场发展加快，资本市场的规模日益扩大，其在资源配置、产权交易、风险定价等方面对经济生活的影响越来越大，资产价格对实体经济产生了巨大的影响。与此相伴产生的问题就是，货币政策是否应该把资产价格纳入货币政策反应函数，将之作为利率规则的一个变量进行货币政策调整。以 Bernanke 和 Gertler（2001）、Woodford（2003）等为代表的一方，认为中央银行应继续钉住实现低通胀和稳定增长的宏观经济目标，而不应该对资产价格的变化做出反应。Bernanke 和 Gertler（2001）在考虑资产泡沫的基础上建立了动态新凯恩斯主义模型，研究发现货币政策对资产价格波动做出反应会增加经济的不稳定性，从而反对央行对资产价格波动做出反应；Woodford（2003）在坚持黏性价格的理论基础上，认为货币政策针对的稳定价格是指那些间歇性调整的价格，因为它们在调整时会产生偏差，而像股价这样能连续调整的价格，则不会有偏差。另外，以 Bordo 和 Jeanne（2002）、Borio 和 Lowe（2002）以及 Cecchetti 等（2000）的研究为代表，则认为中央银行应该对资产价格波动做出反应。Bordo 和 Jeanne（2002）认为，由于针对金融失衡的最优货币立场取决于复杂的非线性条件，是否选择事先干预包含着很多相机选择的因素：在泡沫破裂的概率很大，且货币紧缩的代价又相对较小时，中央银行就应该适当偏离日常规则，提前进行干预。Cecchetti 等（2000）与 Bernanke 和 Gertler（2001）一样，在一个加入资产价格泡沫的动态新凯恩斯主义模型中，利用不同的利率规则对经济进行模拟，但得出的结论却相反。Goodhart 和 Hofmann（2000）通过提出金融形势指数（Financial Condition Index，FCI），在 MCI 的基础上加入资产价格变量，即除了包含 MCI 中的短期实际利率与实际有效汇率外，还加入了房价与股价等资产价格，并通过实证发现金融形势指数对 G7 国家的 CPI 通货膨胀率在样本内具有良好的预测效果。

第三节　国内文献综述

从 2001 年发表于知网的第一篇相关论文（李维刚，2001）开始，截止到 2018 年 11 月 10 日，在知网 CNKI 上搜索篇名包含“泰勒规则”一词的中文期刊论文共有 148 篇①。如果以金融危机爆发时间（2008 年 9 月）为标志，并将论文发表的审稿滞后时间考虑在内，那么我们可以大致将这 148 篇论文以 2009 年为界划分为两个阶段。其中，论文发表数量 2009 年前为 33 篇，2009 年（含 2009 年）之后为 115 篇，论文数量出现大幅增长始于 2010 年。

之所以将金融危机爆发时间作为大致界限，是因为在国际经济金融形势变化的背景下，国内泰勒规则研究的内容与对象也随之发生了大的改变。具体表现为，金融危机前，国内的相关研究多是对简单线性泰勒

① 若将篇名中的关键词换为“利率规则”或“货币政策反应函数”，则相关论文的数量会更多。虽然关键词不同，但是由于主题一致，故以下总结的研究现状同样适用于相关论文。

规则进行验证，意图得出泰勒规则在中国是否适用以及泰勒规则是否稳定；金融危机后，受金融稳定和资产价格关注度上升的影响，包含更多变量的泰勒规则得到了扩展研究。

一、2009年之前的泰勒规则相关中文文献综述

首先，在泰勒规则模型设定上，文献主要是对原始形式的泰勒规则进行考察，除此之外也对央行预期形成方式（前瞻性还是后顾性）、添加利率滞后项（表示利率平滑）及其他变量（如汇率和股票）进行了泰勒规则形式扩展方面的探索。其次，在泰勒规则各解释变量的指标选择及测量上，泰勒规则涉及利率、通胀、产出这些关键经济变量，尤其是在均衡实际利率、潜在产出及目标通胀率方面，更是有不同的经济理念及以此为基础的计算方法。国内关于泰勒规则的初期研究在这些方面进行了简单尝试，如谢平、罗雄（2002）采用样本期的平均真实利率作为均衡实际利率，采用《政府工作报告》公告的通胀目标设定常数的通胀目标，采用线性趋势法估计潜在产出；陆军、钟丹（2003）将实际均衡利率视为扣除预期通胀的名义报酬率，实践中用一年期存款利率减去实际CPI增长率，在通胀目标的估计上采取的是潜在物价指数方法，潜在产出的估计则使用的是生产函数法；卞志村（2006）对潜在产出的估计方法采用的是HP滤波法，对通胀目标的估计方法与陆军、钟丹（2003）相同；叶志辉（2008）在全面介绍泰勒规则关键变量不同计算方法的基础上，通过Bootstrap方法得到均衡实际利率进而进行前瞻性泰勒规则验证研究。再次，在研究方法上，这一阶段的研究以实证线性研究为主，且由于泰勒规则初期研究对变量取值多采取当期值或滞后值（对应后顾性泰勒规则），故其研究方法多为最小二乘法和协整检验方法（陆军、钟丹，2003；王建国，2006），而在对前瞻性泰勒规则进行验证时，则主要参考Clarida等（2000）的方法，采取GMM计量

方法（谢平、罗雄，2002）。除了上述线性研究，也有一些涉及泰勒规则非线性特征的研究，如王建国（2006）在利率平滑的基础上进行分时段估计，发现两个亚样本时期的通胀反应系数存在变化，前一期的通胀系数小于零为负，而后一期的通胀系数为正；齐稚平、刘广伟（2007）则发现不同时期的通胀反应系数分别小于1和大于1。最后，在不同货币政策规则的比较研究上，孔丹凤（2008）对比了泰勒规则与其他货币政策规则在中国适用的情况，研究认为，泰勒规则较之麦克勒姆规则更好地描述了中国的货币政策。

总之，上述研究在关于泰勒规则在中国是否适用并稳定这一点上，所得出的结论并不一致。例如，谢平、罗雄（2002）分别采用历史分析法和反应函数法对泰勒规则的中国适用性进行检验。通过计算泰勒规则中的利率值，并与现实中货币政策调整后的利率值进行比较，表明泰勒规则可以很好地衡量中国货币政策，其拟合值与实际值的偏离可以大致衡量中国货币政策的松紧；另外，通胀反应系数小于1，根据泰勒定理，这表明它是一种不稳定的货币政策规则。陆军、钟丹（2003）运用协整分析方法分别对Taylor（1993）提出的原始形式泰勒规则和前瞻性泰勒规则进行检验，结果表明，虽然这两种形式的泰勒规则都可用于描述中国银行间同业拆借利率的长期走势，但是通胀反应系数都远小于传统泰勒规则中的反应系数。卞志村（2006）通过GMM方法对前瞻性泰勒规则在中国的适用性进行了验证，同时采用协整方法进行了稳健分析，结果也表明中国适用的泰勒规则并不稳定。王建国（2006）研究发现，1997年以前名义利率对通货膨胀缺口变动的反应不足（通胀反应系数为负），通货膨胀有着自我实现的机制，而1997年下半年以后，名义利率的变动幅度大于通货膨胀率的变动幅度（通胀反应系数大于1），表明这一时期的货币政策对通货膨胀变动的反应是稳定的；齐稚平、刘广伟（2007）利用 OLS 方法对传统泰勒规则原式进行分时段估计，其结论认为，由于利率市场化的程度加深，后半期的样本显示泰勒规则要比前半期的稳定。叶志辉（2008）认为，前瞻性泰勒规则不仅可以用来描述中国同业拆借利率的走势，而且通胀反应系数大于 1，是一种稳定的货币规则。

二、2009 年之后的泰勒规则相关中文文献综述

（一）泰勒规则稳定性

李琼、王志伟（2009）认为，泰勒规则在中国并不稳定。首先，他们采用不同产出缺口计算方法，以及对产出缺口系数赋值不同，设定不同泰勒规则形式，继而与真实利率值进行比较，发现利率规则值与实际值的演化路径大致吻合。其次，他们采用政策反应函数方法、协整分析法，对泰勒规则中国有效性进行了实证检验，发现利率对通货膨胀的调整系数均没有超过 1，而且利率对产出缺口的相关性极低，因此认为泰勒规则在中国是一种不稳定的利率规则。另外，在对泰勒规则扩展变量的验证中，他们发现引入利率平滑项的前瞻性泰勒规则要比原始的 CGG 模型中的规则要好，表明中国货币政策中的利率平滑特征，相比之下，在添加货币供应量和汇率因素之后，泰勒规则各系数均不显著。王如丰（2009）发现名义利率对通货膨胀率的反应系数明显大于 1，符合泰勒定理，因此是一种稳定的反馈机制，然而对产出缺口的反应则根据基准利率选取的不同而不同。张小宇、刘金全（2010）采用排序选择模型对泰勒规则进行检验，发现中国人民银行对产出的强调大于通胀，并没有发现其根据通货膨胀调整利率的相关证据。邓创、石柱鲜（2011）的结论认为，虽然前瞻性在我国货币政策中并不明显，但是我国货币政策对通货膨胀、产出缺口和汇率波动做出了较为及时和稳定的反应。郑挺国、王霞（2011）认为，前瞻性泰勒规则起到了稳定中国

经济的作用，而后顾性及同期性泰勒规则是不稳定的。郭济敏、张嘉为（2012）分别对我国法定基准利率（一年期定期存款利率）和三种市场基准利率（Shibor）进行检验，发现通胀反应不足，产出反应则有正有负。

（二）对泰勒规则各变量指标的研究

1. 利率指标

屠立峰等（2017）对利率指标进行了再考察；张秀武、林春鸿（2016）讨论了 Shibor 能否作为基准利率问题，比较了 Shibor 在前瞻、同期和后顾三种类型中的表现，使用的方法是 OLS 和 TLSL；肖卫国、张晨冉（2016）比较了基准利率和市场利率在前瞻性、后顾性和混合型泰勒规则中的表现，结果表明，前瞻性泰勒规则反应函数优于其他两种泰勒规则，更能描述我国利率的具体走势，利用市场利率更能够体现货币政策逆周期调控特征，更适合作为我国利率操作目标。

2. 产出指标

郑挺国、王霞（2011）针对产出数据测量中出现的“信息”问题，在产出缺口不同退势方法的基础上，探讨了“实时数据”与“最终数据”对泰勒规则估计产生的影响。他们发现，在估计基于最终数据的泰勒规则时，六种退势方法得出的结论较为一致，而在估计基于实时数据的泰勒规则时，不同测量方法导致截然相反的结论；在对这六种方法进行横向比较时，发现不同方法得出的实时数据估计结论与最终数据估计结论有的一致，有的则差异较大，这说明“信息”问题对泰勒规则估计的影响与产出缺口测量方式有关。郇志坚（2016）也针对产出缺口的“实时”数据问题进行了研究，通过构建实际季度 GDP 实时数据集，采取多种退势方法对中国产出缺口进行估算，进而估计中国实时数据泰勒规则的反应函数，然后与基于最近更新数据的三种泰勒规则形式（后顾性、同期性以及前瞻性）进行比较，结果表明，基于实时产出数据的前瞻性泰勒规则可以起到稳定经济的作用。郭红兵（2016）也通过创建产出缺口的实时数据集对利率平滑的前瞻性泰勒规则与基于最终产出数据的泰勒规则进行了比较验证，发现在后者情况下，中国的货币政策对产出缺口做出了显著但并不明显的反应，而根据实时的产出数据，中国货币政策对产出缺口的变化做出了显著且明显的反应。另外，郭万山、丁洪福（2015）在对产出缺口进行了两种方式的计算基础上重新估计了泰勒规则。

（三）变量扩展

1. 开放条件下的泰勒规则扩展实证研究

李琼（2009）在对前瞻性泰勒规则引入利率平滑项、货币供应量和汇率因素的研究中，发现中国货币部门在调整利率时体现出利率平滑特征，但是后两个因素并不显著。王如丰（2009）对“利率对汇率反应了吗?”这一问题的研究表明，总体上利率对实际有效汇率变动的反应并不显著。邓创、石柱鲜（2011）通过状态空间模型对中国潜在产出、自然利率和均衡汇率水平进行联合估计，在此基础上建立一个包含汇率因素的混合型泰勒规则对中国货币政策反应函数进行估计，认为中国的货币政策基本符合稳定的开放经济泰勒规则。郭福春、潘锡泉（2012）将汇率缺口（而不再是汇率水平）引入相关实证，以 2005 年 6 月为分界点，将 2001 年 1 月至 2011 年 10 月的数据分为两组，分别进行引入汇率缺口的泰勒规则的实证检验，发现汇改后利率对汇率缺口的反应系数从不显著变得显著，但利率对产出缺口却从显著变得不显著。金成晓、朱培金（2013）使用线性模型和非线性模型两种方法估计基于缺口管理的开放经济泰勒规则，结果发现，整体观测期内线性模型中利率对汇率缺口不敏感，但在平稳序列期间内利率只对汇率缺口敏感；

而在非线性模型中，所有与汇率缺口有关的参数均不显著。郭遂恒等（2015）与郭福春、潘锡泉（2012）一样引入了汇率缺口数据并进行了分时段估计，但是使用五种滤波方法对产出缺口进行估计，在此基础上对封闭和开放的泰勒规则分别进行比较，发现封闭泰勒规则具有良好的稳定性，但开放泰勒规则在应对汇率波动时表现出了不稳定性。吴远远（2017）将货币供应量增长率和美国经济增长率依次引入泰勒规则，并与泰勒规则经典形式进行了比较。金春雨、吴安兵（2017）在开放经济条件下考虑经济系统存在的内生性结构，利用时变参数随机波动向量自回归（TVP-SV-VAR）模型捕捉中国货币政策对产出、通胀与汇率反应的时变特征。研究结果表明，相比未引入汇率因素或引入人民币实际汇率的泰勒规则，将人民币实际有效汇率引入泰勒规则使货币政策钉住通胀目标参数与钉住产出缺口参数均得到更显著的改善，更符合中国货币政策规则的实际。

2. 考虑金融稳定的泰勒规则扩展

在“利率是否应对资产价格做出反应”这一问题上，国内文献在危机后进行了热烈讨论。肖奎喜（2011）构建了包含金融深化指标、外汇储备变化变量以及中国金融状况指数（FCI）在内的广义泰勒规则函数，并对相关模型进行了估计。而李涛、傅强（2011）和王国松（2014）将上证综指作为资产价格的代理变量纳入泰勒规则，发现利率对资产价格的反应均不足。孟彩云、王聪（2012）以房地产价格作为资产价格的代理变量；陈怡、耿强（2012）则同时考察了股票价格和房地产价格，分别建立扩展的泰勒规则模型并进行检验。得出的结论迥异：孟彩云、王聪（2012）得出的是否定结论；陈怡、耿强（2012）发现货币政策对股票市场反应显著，对房地产却反应不显著。何圣财（2013）发现中国货币政策在2006年前对股票价格反应为负，而在此之后反应转为正，说明货币政策对股价波动的调整已经从之前的适应性调整转变为较积极的调整。王伯英（2018）基于纳入金融稳定的货币政策操作框架，构建了包含信用利差因素的泰勒规则，实证检验中国的货币政策反应函数，对简单泰勒规则及利差调整泰勒规则的效果进行对比，研究发现，同时考虑利率平滑和利差因素的泰勒规则对中国的货币政策操作有更好的解释力。

除了以上文献，还有学者试图将汇率和金融稳定一起纳入泰勒规则中进行通盘考虑。如黄昌利、尚友芳（2013）和金成晓、朱培金（2013）等。其中，黄昌利、尚友芳（2013）将房地产价格和股票价格引入前瞻性泰勒规则中，发现中国货币政策行为主要是针对产出缺口，通胀反应和资产价格反应均不足或较小。

（四）研究方法多样

1. 非线性及时变泰勒规则的研究增多

徐亚平（2009）利用门限自回归模型（TAR）对中国货币政策反应函数进行研究，发现反应函数是非线性的，即随着经济状况的不同表现，利率对通货膨胀和产出缺口的反应系数是在不断变化的，这也说明中央银行在不同历史时期对政策目标的重视程度与政策权重是不同的。中国人民银行营业管理部课题组（2009）、黄启才（2012）、高宏（2013）以通货膨胀率作为转换变量，金成晓、朱培金（2013）以滞后一期利率为转换变量，对中国货币政策操作进行了非线性检验。郑挺国、刘金全（2010）考察了具有时变通胀目标的区制转移泰勒规则模型，结果表明，中国货币政策规则具有明显的区制转移特征，不同的区制内，利率对通货膨胀缺口和产出缺口的反应并不一致，中国货币政策存在由“稳定”的泰勒规则向“不稳定”的泰勒规则相互转变的可能。田建强、刘志新（2014）把央行预期方式也纳入时变的考虑，与反应系数一起考虑时变性，他发现央行的预期方式与通货膨胀率的大小有关。当通胀率较低时，央行的“适应性”预期特点比较明显，即会依据上一期的宏观数据制定货币政策；而当通胀率较高时，央行则倾向于采取前瞻性的理性预期来进行货币政策决策。此外，通胀和产出缺口系数的变化表明中国货币政策在2007年前后发生了机制转换。在货币政策稳定性的检验上，他发现通货膨胀缺口系数总是小于1，说明中国的货币政策在控制通货膨胀方面是不稳定的。卞志村、孟士清（2014）基于马尔科夫转换模型对中国泰勒规则的时变特征进行了研究，结果表明：简单的线性泰勒规则目前在中国并不适用；而基于马尔科夫转换模型的泰勒规则可将中国货币政策分成两个不同的机制，短期利率对通货膨胀和实际产出缺口依不同机制而有不同反应，这与郑挺国、刘金全（2010）的结论类似。王少林（2015）所关注的是“双重时变”：“时变”的参数和“时变”的目标维数，其研究发现，中国利率调整在政策目标维度以及各个目标对利率的影响强度方面，均表现出显著的时变性。陈创练、郑挺国、姚树洁（2016）将包含总需求曲线、菲利普斯曲线和货币政策规则在内的一般均衡框架中的泰勒规则系数设为“时变”，利用马尔科夫链蒙特卡洛方法，对泰勒规则进行了检验。结果显示，近年来，中国货币政策对通货膨胀的重视程度要大于对产出的重视程度。

2. 泰勒规则动态模拟的研究

何国华、常鑫鑫（2013）利用新凯恩斯DSGE模型，通过Matlab进行随机数值模拟，对三种泰勒规则形式的中国适用性进行了验证，发现简单泰勒规则比复杂的泰勒规则更加适合于中国目前的经济发展状况。肖卫国、刘杰（2014）意图对前瞻性、后顾性、混合型三种货币政策的效果进行动态模拟，他们认为，虽然前瞻性比后顾性泰勒规则的政策效果好，但在混合型泰勒规则中，产出缺口反应系数大于前瞻性泰勒规则，因此中央银行在制定货币政策时，应将理性预期和适应性预期同时纳入货币政策框架，这样既可以增强货币政策的前瞻性，又可以更好地应对宏观经济的波动。

综上所述，金融危机之后，中国研究人员从变量扩展以及研究方法等角度对泰勒规则适用性进行了较为深入的研究，但这些研究多以实证分析为主，规范研究并不多见。

第三章 中国货币政策框架转型下的泰勒规则检验

第一节 中国货币政策中介目标的转变

长期以来，中国实行的是数量型调控和价格型调控相结合、以数量型调控为主的货币政策操作框架。近年来，在金融创新和金融脱媒的冲击下，中国货币数量调控有效性日益下降。特别是，随着利率市场化改革的基本完成，向利率为主的货币价格调控方式转型的必要性和迫切性日趋上升（张晓慧，2015）。

一、以货币数量为中介目标的货币政策

1984 年中国人民银行专门行使中央银行职能之后，中国的货币政策主要采取直接调控方式，即通过控制贷款规模来控制货币。1993 年，《中共中央关于建立社会主义市场经济体制若干问题》和《国务院关于金融体制改革的决定》提出要求，中国人民银行要从主要依靠信贷规模管理，转变为运用存款准备金率、中央银行再贷款利率和公开市场业务等货币政策工具，调控货币供应量。从 1994 年开始，中国人民银行逐步缩小信贷规模的控制范围，引入外汇公开市场操作；同时加速对货币供应量的统计分析与研究，从 1994 年第三季度起，按季度向社会公布

货币供应量分层次监测目标，并观察基础货币的变动，这既是中央银行宏观监控制度的重大改革，又是我国宏观调控体系由直接控制为主向间接调控为主转变的重要举措和标志；1995年，中国人民银行尝试把货币供应量纳入货币政策中介目标体系；1996年，我国正式把货币供应量作为中介目标，第一次写入“九五”计划，并按月对社会公布货币供应量目标；1998年1月1日，中国人民银行正式取消贷款规模限额控制，实行“计划指导、比例管理、自求平衡、间接调控”的信贷资金管理体制，在制度上为货币政策中介目标真正转向货币供应量、实施以数量型为主的间接调控奠定了基础。

1998年后，中国人民银行积极运用各种货币政策工具，调控基础货币，以达到控制货币供应量的目标。1998年和1999年是货币政策各项制度改革、集中发力的两年，其中，中国人民银行对存款准备金制度进行改革、两次下调准备金率；恢复公开市场操作，加大基础货币投放力度；在1996年、1997年三次降息的基础上，1998年和1999年又连续四次降息，通过七次降息，存款利率平均累计下调5.73%，贷款利率平均累计下调6.42%。进入21世纪以来，中国人民银行根据经济形势的变化，适时调整货币政策工具，调控货币供应量稳定增长。2000年，中国人民银行启动正回购操作，运用公开市场操作回收流动性。2001年，在1998—1999年连续四次下调再贴现率的基础上，将再贴现率由2.16%的水平提高到2.97%，减少商业银行对再贴现贷款的需求。2003年以后，中国经济出现了贷款、投资和外汇储备快速增长的情况，为此，中国人民银行在2004—2007年连续十二次加息；在2003—2008年连续二十一次提高存款准备金率，从6.0%提高到17.5%；运用公开市场操作进行货币回笼，收紧流动性。2008年，受国际金融危机影响，国外需求大幅下降，国内通胀压力得到缓解，为应对金融危机，扩大内需，中国人民银行实行宽松的货币政策，采取多项措施，下调存款准备金利率和存贷款基准利率，并取消对商业银行信贷规划的约束，引导商业银行增加贷款总量等，以达到促进经济增长的政策目标。金融危机之后，由于世界主要发达国家实行量化宽松货币政策，大量流动性涌入新兴经济体，中国市场流动性充实，通胀预期加强，为应对通胀压力，央行采取了适度从紧的货币政策。可见，近年来，中国货币政策主要是通过运用公开市场操作、存款准备金等政策工具，以调节中介目标货币供应量，进而影响宏观经济变量。

二、"不可能三角"导致以货币数量为中介目标的部分失灵

"不可能三角"最早是在蒙代尔—弗莱明（Mundell - Fleming）模型中提出的，它指出同时维持固定汇率、自由资本流动和独立货币政策的不可能性，可行的选择是上述任意两个条件的组合。具体来说，在资本自由流动的条件下，实施固定汇率制的国家，其货币政策无法保证自主有效；而实施浮动汇率制的国家，其货币政策可以保证自主有效。基本逻辑是：实施固定汇率制的国家不得不通过被动地吞吐基础货币来稳定汇率，这将导致其货币供给丧失主动性；而实施浮动汇率制的国家没有稳定汇率的负担，货币政策可以保持相对有效。自 1996 年中国确定以货币数量为中介目标以来，中国货币政策的一个突出特点就是为维持固定汇率制而不能完全保证货币政策的独立性。我国基础货币供应主要有三个渠道：国外资产，指的是外汇买卖交易形成的外汇占款和金银占款；对政府的净债权，指的是历史形成的政府透支和借款两者与财政存款的差额；对金融机构的债权，包括对金融机构的贷款和证券买卖。当我国贸易顺差严重、资本净流入大量增加时，我国国外净资产规模显著增大，基础货币投放也会相应增多。这时，为了保证中介目标货币供应量的适度增长，中央银行就必须相应减少国内信贷规模以收紧流动性，

这样可能会与国内保证物价稳定、以此促进经济增长的货币政策最终目标相冲突，货币政策独立性受到挑战。

对外贸易具有强大的竞争力、大量资本流入和维持名义汇率稳定的政策，三者共同发力引起货币供应量的急剧增加。包括流通中的现金、储蓄存款、定期存款和其他存款在内的广义货币（M2），在2000—2005年一直以超过M2目标的增速增长，M2年增长率在14.5%～17.5%的范围变化，在2003年达到最大值19.6%。M2货币乘数的不稳定性使得控制货币供应量的问题更加复杂化。为控制货币供给高增长率进而稳定宏观经济，中国人民银行不断提高银行存贷款的基准利率，除此之外，还进行包括冲销操作、提高法定准备金率和借助行政控制以及贷款指导在内的一系列流动性管理。然而，货币市场操作还远不足以吸纳货币市场中大量过剩的流动性。流动性过剩还造成信贷快速增长和不动产价格迅速上升，这也使货币政策的效果大打折扣。中国人民银行以货币数量作为中介目标，使其无法同时对（固定）汇率制、资本流入和追求以货币供给为目标的独立货币政策进行管理。

三、利率市场化稳步推进

利率市场化的基本规划是在1993年11月中国共产党第十四届中央委员会第三次全体会议上制定的。2002年，中国共产党第十六届全国人民代表大会报告重申了推进市场化改革和优化金融资源配置的必要性。2003年，中国共产党第十六届中央委员会第三次全体会议指出了建立市场化利率和调控利率实现经济目标的货币政策健全机制的必要性。

利率市场化改革的顺序是经过深思熟虑制定出来的，总体思路是首先取消批发交易的利率限制，其次逐渐放松零售利率的限制；首先货币市场和债券市场利率市场化，其次存贷款利率市场化。1996年初，对批发交易的利率限制开始取消，包括债券市场和银行间市场交易。措施包括放开银行间市场利率、放开政府债券的一级市场、调整中国人民银行的再贷款利率并使其成为货币市场的参考利率。批发交易的利率现在已经完全放开，以外币标的工具的利率也已经完全放开。

关于零售银行业务，放开顺序包括首先让银行在一个浮动范围内对潜在客户风险进行定价，其次完全放开贷款利率和存款利率。中国人民银行首先减少了管制利率的数量，更频繁地调整银行对工业、商业企业的贷款利率，以反映央行参考利率的变化，同时允许金融机构在一个浮动范围内为其贷款业务定价。2004 年，零售业务改革采取了重要步骤，最终在 2004 年 10 月取消了贷款利率上限和存款利率下限。不过，按照期限不同（3 个月、6 个月、12 个月、2 年、3 年和 5 年），贷款利率保留了下限，存款利率保留了上限。自 2013 年 7 月 20 日起，中国人民银行决定全面放开金融机构贷款利率管制。自 2015 年 5 月 11 日起，中国人民银行决定金融机构存款利率浮动区间的上限由存款基准利率的 1.3 倍调整为 1.5 倍。自 2015 年 8 月 26 日起，中国人民银行决定放开 1 年期以上（不含 1 年期）定期存款的利率浮动上限，标志着中国利率市场化改革又向前迈出了重要的一步。自 2015 年 10 月 24 日起，中国人民银行决定对商业银行和农村合作金融机构等不再设置存款利率浮动上限，这标志着中国利率市场化取得了阶段性成功。

四、金融危机之后中国货币政策框架进一步调整

自 2009 年以来，受国际金融危机影响，中国经济面临增速放缓的困境，为降低危机影响，中国政府围绕稳增长、促改革、调结构、惠民生出台了一系列政策措施。为应对金融危机，对中国货币政策框架进行了进一步调整及完善。最突出的就是以货币供应量为中介目标的指标意义降低，近年来，中国 M2 增速不断降低，2017 年 8 月 M2 同比增速更

是降至8.9%的低位，而央行保持法定准备金率不变。2017年第二季度，中国人民银行的货币政策执行报告中提到，随着市场深化和金融创新，影响货币供给的因素变得更加复杂，M2的可测性、可控性以及与经济的相关性也在下降，对其变化可不必过度关注，这也暗示了央行不再钉住基础货币情况，而会对政策利率给予更多的关注。2012年，中国利率市场化的进程重新加快。2015年10月，中国人民银行宣布取消对存款上限的管制，至此终于取消了对所有主要利率的管制，这是一个里程碑式的事件。这些都标志着中国货币政策中介目标由货币量向利率转移的历史机遇。在政策工具方面，中国人民银行传统货币政策工具包括公开市场业务、存款准备金率、再贴现和再贷款，公开市场业务主要包括回购交易、央行票据和国库现金管理。随着利率市场化改革的推进，中国人民银行一方面创设了多种新型政策工具，包括短期流动性调节工具（SLO）、临时流动性便利（TLF）、常备借贷便利（SLF）、中期借贷便利（MLF）、抵押补充贷款（PSL），用以管理中短期利率水平；另一方面在2016年建立公开市场每日操作常态化机制，引导市场预期。中国人民银行通过创新货币政策工具，培育政策利率，健全利率品种，为实行利率中介目标提供了必要条件。

第二节　典型事实

由上述分析可知，中国货币政策框架是一个从计划管理向市场主导、从直接调控向间接调控不断演进的转变过程。虽然也经历了20世纪80年代末期的通货膨胀和90年代中期的通货紧缩，但货币政策对整个国民经济增长的推动作用还是非常明显的。然而，随着中国经济市场化水平的不断提高，以及参与国际经济深度的不断加大，当前以货币数量为中介目标的货币政策框架越来越无法满足中国“稳定币值”的政策目标了。本节专注于对货币供应量中介目标的现实局限性与利率中介目标的现实可行性进行典型事实展示。

一、货币供应量中介目标的现实局限性

本小节先以货币供应量与通货膨胀关系的相关实证文献介绍开始，得出近年来货币增长和通货膨胀之间相关性变弱的结论，接着从不同角度分析中国以货币数量为中介目标的现状及困境，指出中国货币政策框架转型的必要性。

（一）货币与通货膨胀关系的实证文献

在弗里德曼提出“通货膨胀无论何时何地都是一种货币现象”大约 30 年后，一些研究重新考虑了货币增长和通货膨胀的实证相关性。Mc Candless 和 Weber（1995）以 110 个国家 1960—1990 年的数据作为样本，证明了货币增长和通货膨胀之间的高度相关性。根据他们的结论，高货币增长伴随着高通货膨胀率，低货币增长伴随着低通货膨胀率。针对货币定义的变化和样本国家的变化，他们的结果保持稳健。不过，他们还发现在高通胀时货币增长和通货膨胀之间的相关性强于低通货膨胀时。King（2002）使用 116 个国家 1968—1998 年的数据，重复了上述研究，结果基本一致。除此之外，他指出只有当通货膨胀和货币增长观察时间平均超过 10 年时，两者之间的相关性才是明显的①。Tanner（1993）指出，相较于 20 世纪 70 年代，美国 80 年代的年通货膨胀和货币增长率之间的相关性有所下降。Christiano 和 Fitzgerald（2003）发现，这两个变量之间是正相关的，并且这种相关性对于美国

① 支持同样结论的见 Barro（1990）、Dwyer 和 Hafer（1988，1999）以及 Poole（1994）的进一步研究。

横跨20世纪的长期数据是稳定的。1960年以后，这种相关性在短期内得到下降。

然而，从简单的相关性转向Granger因果关系检验来看，Friedman和Kuttner（1992）指出，1980年以后，货币总量对美国通货膨胀没有边际信息价值。Estrella和Mishkin（1997）甚至问道："货币总量在货币政策中有作用吗?"他们基于VAR模型证据得出结论，答案毫无疑问是否定的。同样，Stock和Watson（1999）指出，货币总量在通胀预测中的信息价值即使不是负值，也可以忽略。对于欧元区，Gerlach（2004）和Svensson（1999）证明，欧洲央行的广义货币总量M3的增长率（和通胀率）不存在Granger因果关系。Nicoletti Altimari（2001）应用Stock和Watson（1999）的方法来估计货币对欧元区通货膨胀的边际信息含量。他发现，从短期预测的视角来看，货币包含很少信息价值甚至没有。Trecroci和Vega（2002）用货币、产出、通货膨胀以及长短期利率来估计多变量VAR模型，没有发现货币增长对通货膨胀的Granger因果关系。De Grauwe和Polan（2005）是弗里德曼有关通货膨胀总是一种货币现象的格言最有力的批评者。他们使用了来自165个国家横跨30年的数据，指出货币增长和通货膨胀之间相关性的强度主要取决于通胀率的水平。他们指出，通货膨胀对货币增长的回归只在通胀率高于17.4%时是显著的。由此得出结论，只要通货膨胀较低或适中，中央银行就没必要关注货币的增长。同样，Svensson（1999）认为，在低通胀时期，货币或货币增速与货币政策无关。

以上文献分析为我们呈现了货币与通货膨胀关系减弱甚至消失的结论，这也是西方国家在20世纪80年代纷纷弃用数量中介目标的关键原因。那么产生的下一个问题就是，中国目前实行的货币数量中介目标是否有效呢?

（二）中国以货币数量为中介目标的现状及困境

1. 货币需求角度：货币流通速度不稳定

根据费雪方程 $M = PT/V$，在货币流通速度稳定的情况下，市场对货币的需求与价格（P）和产出（T）的关系是较为清晰的，货币当局通过控制货币供应量，能够准确地影响经济增长（名义收入）和通胀情况。但金融创新和金融脱媒的不断发展，使货币流通速度难以界定，因此对货币的需求也就变得不稳定。此时如果还从货币数量的角度来调控，就会出现货币供给与需求不匹配的现象，造成利率的大幅波动和货币政策的过紧或过松。由此可见，货币流通速度稳定是货币数量有效充当中介目标的前提。自 20 世纪 80 年代末以来，很多国家（包括新兴市场国家）的货币流通速度都发生了不规则变化，货币供应量不再是货币政策可靠的"向导"和主要传导途径。以美国为例，尽管在 20 世纪 80 年代初，美联储前主席沃尔克采取的货币供应量中介目标在抑制通货膨胀上一举成功，但由此造成的利率剧烈波动进一步加剧了当时美国经济的困难。不仅如此，在引入货币供应量目标后，美联储很快发现货币流通速度大幅偏离原有的走势（见图 3 – 1），货币供应量的可控性和相关性都迅速下降，最后不得不放弃该中介目标。

图 3 – 2 显示的是 1994—2016 年中国的货币流通速度，根据 GDP/M2 计算得到。其中，GDP 就是费雪方程式 $MV = PY$（M 是货币供应量，V 是货币流通速度，P 是价格水平，Y 是实际产出）中的 PY，即包含价格因素的名义变量。从图 3 – 2 可以看出，中国货币流通速度的变化基本上也是不稳定且逐年降低的。

2. 货币供给角度：货币乘数难控制

从货币供给角度来看，货币数量 = 基础货币 × 货币乘数，数量型调控需要控制基础货币，同时控制货币乘数。中国人民银行可以通过公开

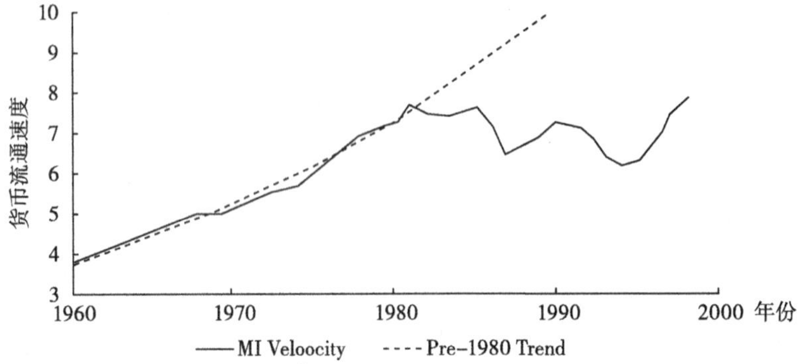

图 3-1　美国货币流通速度走势（M1）

资料来源：J. Bradford De Long. The Triumph of Monetarism?［J］. Journal of Economic Perspectives，2000，14（1）：83-94.

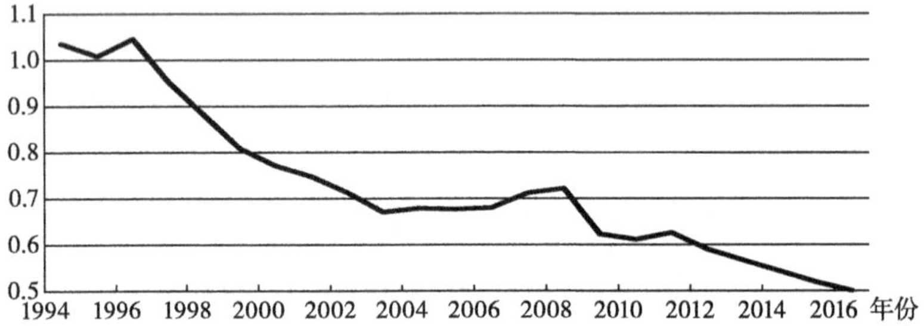

图 3-2　1994—2016 年中国的货币流通速度

资料来源：Wind。

市场操作灵活调控基础货币的投放，这从央行的资产负债表可以看到。近年来基础货币的量基本稳定在 27 万亿～31 万亿元，没有出现大幅的增长或下降，说明从中国人民银行对基础货币的调控是比较精确的。而从中国人民银行对货币乘数的调控主要是通过调整法定存款准备金率，效果仅局限于银行表内，即通过法定存款准备金率调控银行表内派生货币的能力。而近年来，随着金融脱媒和影子银行的不断发展，尤其是表外理财业务的出现，使大量资金由表内转向表外，而央行对这一部分货币的派生很难监测和管控，这就导致名义货币乘数与实际货币乘数的偏差扩大，实际的货币供应量也难以控制。

3. 中介目标选择标准角度

第一，货币供应量的目标值与实际值偏差较大，指标可控性减弱。从表 3－1 中可以看出，自 1994 年以来，中国公布的 M2 目标值与实际值之间的偏差较大。其中，目标值与实际值之间的偏差超过 1% 的有 14 次之多，甚至在 1994 年和 2009 年超过 10% 偏差。如此大幅度的差异，引起诸多的思考与疑虑。中国人民银行对此也有清醒的认识，在《2017 年第三季度中国货币政策执行报告》中指出，当前影响货币总量的因素更趋复杂，M2 的可测性、可控性以及与实体经济的相关性已明显下降，M2 指标的意义明显减弱。

表 3－1　中国货币供应量的目标值和实际值（1994—2016 年）　　（%）

年份	M2 目标值	M2 实际值	年份	M2 目标值	M2 实际值
1994	24	34.5	2006	16	16.9
1995	23～25	29.5	2007	16	16.7
1996	25	25.3	2008	16	17.8
1997	23	17.3	2009	17	27.7
1998	16～18	15.3	2010	17	19.7
1999	14～15	14.7	2011	16	13.6
2000	14～15	12.3	2012	14	13.8
2001	15～16	14.4	2013	13	13.6
2002	13	16.8	2014	13	12.2
2003	16	19.6	2015	12	13.3
2004	17	14.6	2016	13	11.3
2005	15	17.6			

资料来源：根据历年《中国货币政策执行报告》及《政府工作报告》整理。

第二，从中介目标的选择标准来看，货币供应量指标的可测性降低。近年来，两大货币数量指标 M2 与社会融资规模的走势明显背离，受到金融去杠杆和监管收紧的影响，M2 增速在 2021 年不断降低；但社会融资规模的增速始终维持高位，与 M2 之间的缺口扩大。背后的原因在于两个指标均存在一定的缺失，其中M2无法监测银行表外的融资情况，而社会融资规模则没有把政府融资纳入其中。两个指标均难以准确地衡量实际的货币数量，也影响了数量型货币政策调控的效果。

第三，货币数量与通货膨胀关系不显著。1996年1月至2017年4月M1增长率与通货膨胀率之间的关系如图3－3所示。首先，可以看出通货膨胀率波动幅度比较大。虽然1996—1999年和金融危机期间的通胀波动受国际因素影响较大，但是在2002—2004年、2009—2011年，却是中国执行宽松货币政策所致。其次，货币政策的时滞较长，从2010年1月M1增长率达到38.96%峰值到2011年6月通货膨胀率达到峰值6.36%来看，政策时滞长达18个月，这很容易造成货币政策的矫枉过正。最后，金融危机之后，M1增长趋势与通货膨胀更加分化，虽然M1仍有不小的波动，但是相较而言通货膨胀则平缓许多。

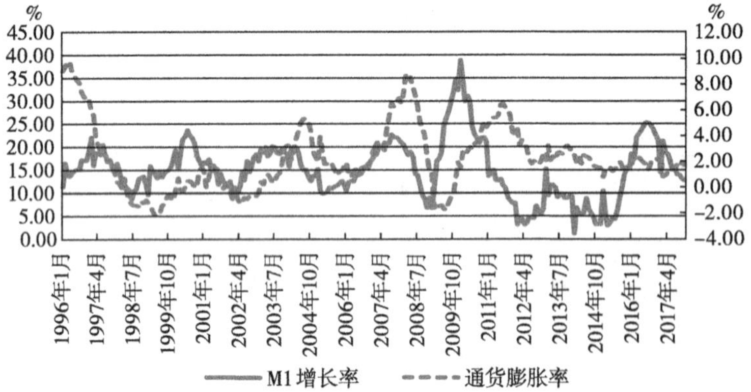

图3－3　1996年1月至2017年4月中国M1增长率与通货膨胀率

资料来源：Wind。

1996年1月至2017年4月中国M2增长率与通货膨胀率之间的关系如图3－4所示。与图3－3相比，图3－4货币政策时滞更长，从2009年11月M2增长率达到29.74%峰值到2011年6月通货膨胀率达到峰值6.36%来看，政策时滞长达20个月；另外，整个样本区间内的

M2 增长率与通货膨胀率的关系比图 3－3 中的 M1 增长率与通货膨胀率的关系更显不一致，只是在近年才稍有同步。

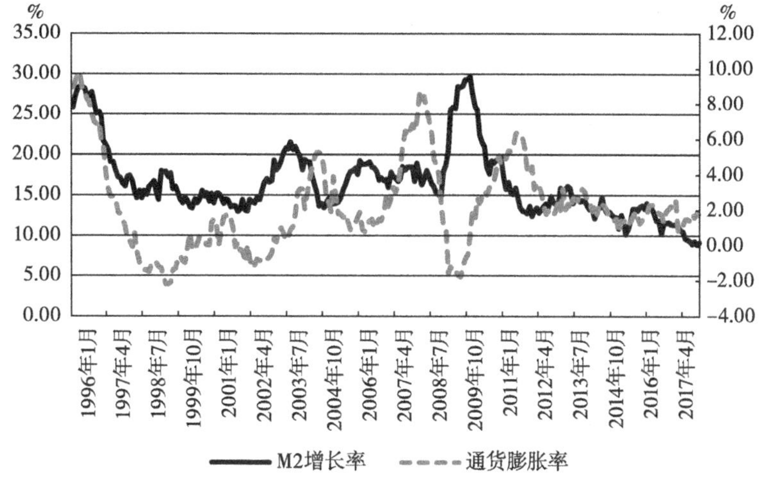

图 3－4　1996 年 1 月至 2017 年 4 月中国 M2 增长率与通货膨胀率

资料来源：Wind。

4. 预期形成角度：追求货币数量目标导致利率波动大，无法形成合理预期

根据第一章的介绍，我们知道一味地追求货币数量的中介目标，将无法保证利率平稳性。当短期利率波动较大，或利率调整的相机抉择影响较大时，不利于预期的形成，进而不利于短期利率向长期利率的传导。

根据利率期限结构理论，只有对利率的预期平稳，才能对长期融资和消费起稳定作用。这一点可以从短期利率向长期利率的传导来看。在充分套利机制的影响下，如果隔夜利率是稳定的，就可以影响并决定 7 天期利率，这是因为若 7 天期利率过高，市场主体就会选择每天去借更便宜的隔夜资金，这会导致对 7 天期资金需求减少，从而使价格下降。基于同样的机制，7 天期利率进而会向更长期的利率传导，并影响国债、贷款等金融产品的利率，并最终影响投资、消费行为等。由此可以把利率传导过程进一步细分为几个前后关联的部分（Illes and Lombardi，2013），即：

$$r_l - r_p = (r_l - r_g) + (r_g - r_b) + (r_b - r_p) \tag{3-1}$$

其中，r_l、r_p、r_g、r_b 分别代表贷款利率、政策利率、国债利率和银行间市场利率。利率传导过程被具体分为三段：第一段是从隔夜政策利率到银行间市场隔夜利率，两者之差可以反映货币市场上的信用和流动性状况；第二段是从银行间市场隔夜利率到中长期的国债利率，都属于风险利率，两者之差可以反映利率的期限溢价；第三段是从中长期国债到中长期贷款利率，由于为同期限利率，两者之差可以反映出信用风险溢价。式（3-1）囊括从中央银行政策利率传导到最终金融产品利率的变化，并清晰地反映了流动性溢价、期限溢价和风险溢价。

Woodford（2003）指出，中央银行影响产出从而影响定价决策的能力，取决于其影响政策利率未来路径的市场预期能力，而不仅仅是当期的政策利率水平本身。在现代货币经济理论框架下，中央银行确定什么样的名义利率水平有时并不是最重要的，最重要的是要让经济主体理解和信任政策变化的规则以及未来的可能路径。当前多数中央银行都会明确地或隐含地钉住最短期限利率，即隔夜利率。Walsh（2010）指出，若货币政策的操作目标是调整短期利率，则只有在影响长期利率时，短期利率的变动才能影响总支出。而如果短期利率波动较大，或利率调整的相机抉择影响较大时，则不利于预期的形成，进而不利于短期利率向长期利率的传导。

从国际上看，2000—2012 年，发展中国家的利率波幅总体要大于发达经济体，而在 2000 年 9 月至 2014 年 2 月，中国货币市场利率（银行间隔夜拆借利率）的月均波动性又大于韩国、马来西亚、巴西和墨西哥等国家，甚至在2013年出现了两次“钱荒”。这说明近年来随着金融创新的发展和利率市场化的推进，中国市场利率波动性明显增强。虽然采取以货币数量为中介目标、相机抉择的办法可以提高货币政策应对经济环境的灵活性，但不利于经济主体形成稳定的预期，从而不利于经济的平稳运行。

通过以上分析可以看出，随着金融创新和金融脱媒的发展，不管是从货币需求角度，还是从货币供给角度，中国实行货币数量型的调控方式愈加显得力不从心，难以符合对中介目标“可控性、可测性、与经济变量的相关性”这三个选择标准；另外，以货币供应量为政策目标还导致利率变化波动增大，经济主体无法形成合理的理性预期。综上，我国应该适时调整货币政策操作框架，改变货币政策决策方式，将货币供应量目标列为利率目标，通过实施利率规则来实施货币政策。

二、利率中介目标的现实可行性分析

从中国近年来的情况来看，随着金融体系的复杂化，货币需求的不确定性增加，货币总量和经济活动之间的联系不断弱化，货币供应量越来越难以充当货币政策操作的有效中间目标。为此，中国货币政策框架逐渐从传统的数量型工具调控向更多借助市场价格调控转变。党的十九大报告提出，要“健全货币政策和宏观审慎政策双支柱调控框架，深化利率和汇率市场化改革”。

（一）实际利率与货币金融指标的关系

首先，以中国1年期存款利率与CPI同比增速之差作为实际利率的典型代表，来分析其与存款总量变化的关系。如图3－5所示，从2003年开始，实际利率与储蓄存款同比增速的演进路径开始呈现趋同的走势，这说明不管是居民存款还是企业存款，对受通胀影响的实际利率而非名义利率的敏感度都在不断增强。

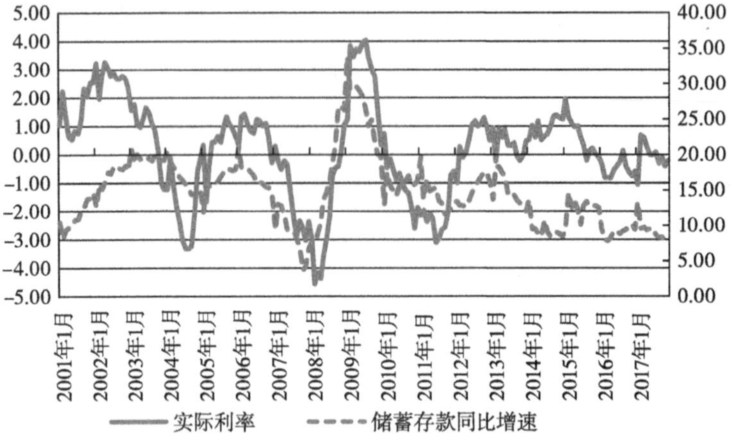

图 3-5　2001 年 1 月至 2017 年 1 月实际利率与储蓄存款同比增速

资料来源：Wind。

其次，实际利率与居民流动性偏好呈现出较强的相反变化趋势。实际利率除了对存款总量有影响外，还会对存款的内部结构产生影响。在此我们用流动性偏好与实际利率的关系来进一步说明实际利率对存款结构的影响。居民流动性偏好用居民活期储蓄存款占居民储蓄存款总余额的比重表示，在投资渠道多样化的背景下，若居民由银行存款转向其他资产投资，一般来说，就会出现活期存款占比上升、储蓄转移。如图 3-6 所示，2007 年以后，居民流动性偏好增强明显与实际利率走低有关。

（二）实际利率与实体经济指标的关系

首先，实际利率与宏观经济周期存在着明显负相关关系（见图 3-7）。从图形上观察，历史经验告诉我们，实际利率曲线下降往往预示着经济增长的加速，而曲线趋陡则表明抑制经济过热、经济增长刹车的可能性。这是因为实际利率对实体经济投融资需求具有较大的影响，从而可以反映货币政策松紧的变化。当实际利率走低，微观主体投资与消费的资金成本下降时，往往会刺激经济主体积极参与经济活动，经济呈现

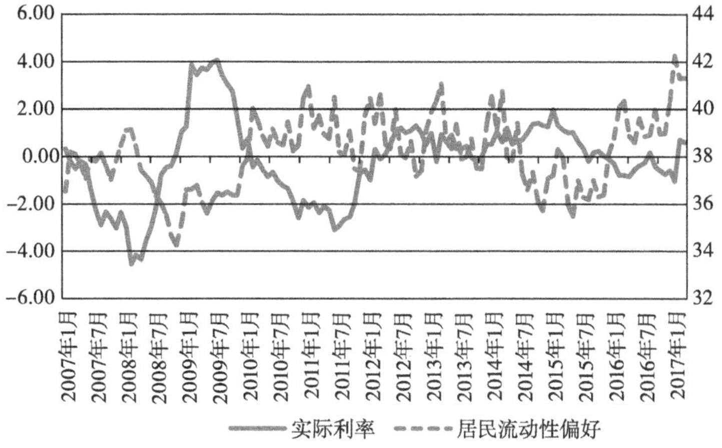

图 3－6　2007 年 1 月至 2017 年 1 月实际利率与居民流动性偏好

资料来源：Wind。

景气特征；而当实际利率抬升时，会打击经济主体的积极性，市场出现萧条。

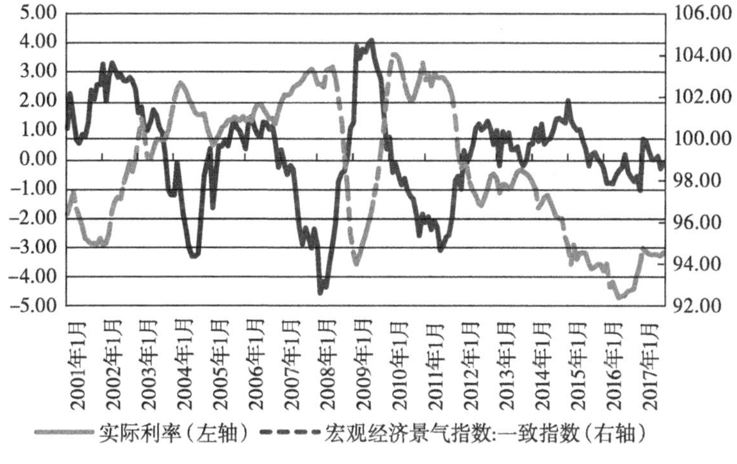

图 3－7　2001 年 1 月至 2017 年 1 月实际利率与宏观经济景气指数

资料来源：Wind。

其次，从房地产市场景气程度来看，如图 3－8 所示，在 2007 年与 2009—2010 年房价高企之时，实际利率都是下跌的，两者存在负相关关系，近年两者的负相关关系虽然没有之前的明显，但是可以发现，在实际利率下跌的2015—2016年，房价开始蹿升。虽然影响房价的因素有很多，但不可排斥利率的作用。

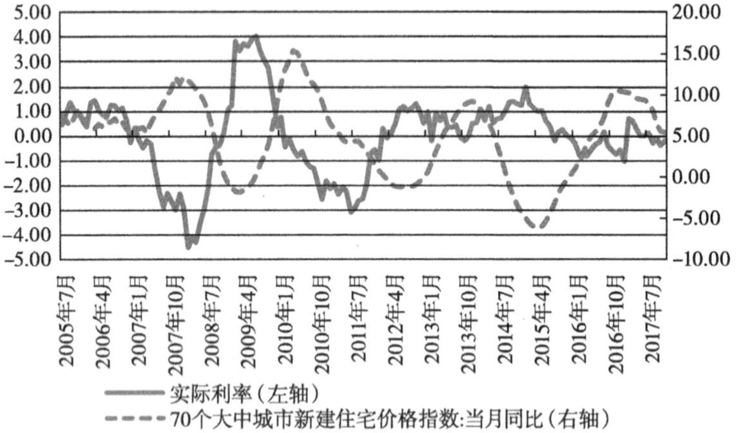

图3－8　2005年1月至2017年7月实际利率与房地产销售价格指数

资料来源：Wind。

（三）利率传导机制逐步完善

利率市场化的发展会使利率传导机制逐渐完善，从而使价格型货币政策的调控手段逐渐发挥作用。一方面，银行负债端的利率在逐渐和市场利率接轨，同业负债及债券发行两部分的利率已实现市场化，并且规模呈现快速增长趋势。而存款利率上限于2015年10月放开，未来也将逐步实现市场化。另一方面，从资产端来看，同业资产利率已实现市场化，而贷款利率上限也于2013年7月取消，未来将逐步市场化。此外，货币基金、表外理财等业务的发展，也对银行负债和资产端利率的市场化起到很大的推动作用。在货币基金和表外理财的竞争下，银行表内存款不断流失会倒逼负债端利率向市场利率接轨，而为了匹配负债端利率，资产端利率也会同步变动。因此，价格型货币政策通过调控货币市场利率，可以直接影响债券市场、货币基金、理财和同业业务的利率，进而对银行的资产端和负债端的利率产生影响，达到货币政策调控的效果。

（四）货币政策关注重点改变

从更深层次的原因来说，央行货币政策由数量型转向价格型的驱动因素来自货币政策关注重点的转变，即过去稳增长和防通胀的政策目标，现在新增去杠杆和防风险。具体来说，2012 年之前，中国经济始终处于快速发展的阶段，经济增长和通货膨胀是货币政策的主要标的，而这些都是经济“总量”的问题。通过调节货币数量，可以在总量上有效地进行调控，兼顾刺激经济和抑制通胀的双重目标，效果简单直接。而随着中国经济的发展进入平缓期，经济和金融的结构问题开始显现。因此，近两年，金融去杠杆，尤其是降低非银和影子银行的杠杆成为货币政策的主要标的。这就使得“总量”问题转变为“结构”问题，在这一过程中，数量型货币政策的效果逐渐变差，因此，随着中国经济结构和金融形势的转变，以利率为中介目标的货币政策的必要性日益增强。

第三节 泰勒规则适用性实证检验

一、模型构建

（一）利率操作的惯性（平滑性）

通过主观感受，我们可以觉察出各国中央银行在实施货币政策时，总是倾向于多次、少量地部分调整利率水平。例如，美联储在2004 年6 月的 FOMC 会议上宣布，将以“可测量的速度”改变现有的货币政策（利率水平）；从 2015 年 12 月启动加息以来，美联储只是以每次 0 个或 25 个基点的调整速度实施货币政策，直到 2018 年底，联邦基金利率（上限）也才达到 2. 5%。虽然有大量的实证数据表明，简单的泰勒规则能够很好地跟踪基金利率的波动，但是有证据表明，美联储实际调整联邦基金利率的速度比标准泰勒规则①规定的要慢得多，如 Rudebusch（1995）根据利率变化的序列相关性得出美联储对联邦基金利率的现实调整并不是一步到位的，而是存在利率平滑特点。也就是说，尽管利率变动通常是按照规则建议的方向进行的，但这些只是部分变动，并不是一次到位的调整；因此，要经过一系列政策变动才能达到标准泰勒规则建议的水平。这种泰勒规则被认为是惯性的，因为它变化缓慢，今天的基金利率取决于昨天的基金利率②。

自 1993 年泰勒规则被提出以来，人们对该规则中所体现的动态调整的性质表现出极大的兴趣。这一动态调整的性质是由利率惯性（inertial）或称为平滑（smoothing）、持续性（persistence）来体现的。相关研究有诸如泰勒规则中是否有政策平滑的考虑；为什么美联储不是一次性增加 250 个基点，而是分成若干次进行利率的部分调整③；究竟是包括惯性的货币政策有利于经济稳定和价格稳定，还是不含惯性的货币政策有更好的经济绩效表现④？本节将以估计中国政策反应函数的方式，对泰勒规则中包含惯性与否的政策行为进行验证。

假设利率调整满足这样一个动态变化：

$$i_t = \rho\, i_{t-1} + (1-\rho)\, i_t^* + v_t \qquad (3-2)$$

其中，$\rho \in [0,1)$ 是利率变化的平滑系数，i_t 是季度 t 中需要设定的

① Taylor（1993）提出的原始形式的泰勒规则有多种指称形式，如原始的（original）、标准的（standard）。为便于统一，下文均将 Taylor（1993）提出的泰勒规则形式称为“标准泰勒规则”（standard Taylor rule）。

② 根据 Carlstrom（2008），美联储公开市场委员会（FOMC）对今天和过去所有通胀和产出缺口的加权平均值做出反应，而不是对今天的通胀和产出缺口做出反应。

③ 对于平滑原因的解释包括 Goodfriend（1991）对金融市场崩溃的担心、Slack（1997）关于利率变化影响的不确定性等，本书不做进一步探讨。

④ 参见 Kozicki（1999）、King（2000）、Rudebusch（2006）、Carlstrom（2008）对利率平滑问题的研究。

政策利率水平，它是根据泰勒规则得到的目标合意水平 i_t^* 与上一季度实际值 i_{t-1} 的加权平均。v_t 是零均值的外生利率冲击。式（3-2）表明中央银行的利率调整行为不是一次到位的将利率直接调整至泰勒规则建议的目标利率水平上，而是对利率进行多次、少量的调整，逐步调整至目标利率水平。ρ 被视为衡量利率平滑特征的一个指标。根据历史数据，对 ρ 的估计通常在 0.8 的范围内，因此利率平滑意味着政策利率调整速度非常慢，即以每季度调整 20% 的速度向其最终水平调整。滞后因变量如此大的系数被广泛认为是央行"货币政策惯性"行为的证据。其他实证文献对平滑系数的估计也验证了上述结论，如 Kozicki（1999）实证得出平滑系数是 0.76，Rudebusch（2006）使用修正数据和核心 PCE 平减指数测量通货膨胀，根据货币政策反应函数法，得出的平滑系数是 0.78。

（二）标准泰勒规则的模型构建

泰勒规则的核心特征，应该就是短期名义利率对宏观经济两个变量（通胀缺口和产出缺口）的反应。若对这一核心特征的泰勒规则形式进行改变，如添加新的变量，由两个反应变量增添至多个反应变量，那么实际效果会怎样，标准泰勒规则的稳健性表现又如何？不少文献研究发现，简单形式的标准泰勒规则具有很好的稳健性（Taylor，1999；Levin and Williams，2003；Orphanides and Williams，2008；Taylor and Williams，2011）。因此，本小节决定首先对标准泰勒规则进行估计，并将之作为不含利率平滑因素及下文介绍的前瞻性泰勒规则的基准方程：

$$i_t^* = r^* + \pi_t + \beta(\pi_t - \pi^*) + \gamma y_t \tag{3-3}$$

其中，i_t^* 为政策目标利率，r^* 为均衡实际利率，β 和 γ 分别为通胀及产出缺口反应系数，π_t 为季度 t 与前三个季度的平均通货膨胀率，y_t 为产出缺口，代表的是实际产出与潜在产出之差。因为将式（3-3）中的常数项合并后，得到：

$$i_t^* = r^* - \beta\pi^* + (1+\beta)\pi_t + \gamma y_t \quad (3-4)$$

令 $\alpha = r^* - \beta\pi^*$，则式（3-4）简化为：

$$i_t^* = \alpha + (1+\beta)\pi_t + \gamma y_t \quad (3-5)$$

式（3-5）即为标准泰勒规则的实证方程。此方程中重要的是只有β和γ均为正，才能说明该规则是一个稳定的泰勒规则，因为只有β为正，才能保证利率对通胀的反应大于1:1，即保证实际利率应对通胀上升的正反应；只有γ为正，才能保证货币政策的“逆风”操作有效性。接下来，考虑包含利率平滑的标准泰勒规则，具体而言，将式（3-3）与式（3-2）合并：

$$i_t = \rho i_{t-1} + (1-\rho)[r^* + \pi_t + \beta(\pi_t - \pi^*) + \gamma y_t] + v_t \quad (3-6)$$

令 $\alpha = (1-\rho)(r_t^* - \beta\pi^*)$，则式（3-6）简化为：

$$i_t = \alpha + (1-\rho)(1+\beta)\pi_t + (1-\rho)\gamma y_t + \rho i_{t-1} + v_t \quad (3-7)$$

式（3-7）即为包含利率平滑的标准泰勒规则实证方程。

（三）前瞻性泰勒规则的模型构建

在驶出高速公路之前，谨慎的驾驶员总是在转弯前打开转向灯，以表明他的意图，因为他知道其他驾驶员的行为会受到他们预期的影响。这个常见的例子可以比喻为央行的政策：央行发出未来政策变动的信号很重要。

预期在货币政策实施过程中扮演着重要角色。现在普遍达成的共识是，中央银行通过调整短期的名义利率可以对经济产生实质性影响。但是驾驶员只有在他不变道、不转弯、直线行驶时才能对与他相隔不远的其他驾驶员产生确定的影响，如果这名驾驶员临时起意变换车道，则会对其他驾驶员产生未预期的不利影响，进而危害交通安全。如同驾驶一样，从稳定经济的角度出发，货币政策的实施应该避免这种“临时起意”，因为货币政策传导存在滞后性，只有通过一定形式的“前瞻性”指导，引导公众对中央银行货币政策形成一致的预期，才能提高货币政策的有效性。

应用到泰勒规则的研究中，美联储早在采用泰勒规则用于政策决策的实践时，就意识到泰勒规则中使用滞后数据的弊端，而提出采用前瞻性的预期数据。理论界因此进行了积极的探索回应。Haldane 和 Batini（1998）认为，前瞻性泰勒规则中的预期通胀能够体现反映未来通胀路径的经济指标所包含的所有信息。Clarida，Gali 和 Gertler（1999）认为中央银行应该采取前瞻性的思路，通过关注通货膨胀和产出的预期值而非当前值，来设定泰勒规则。继而，Clarida，Gali 和 Gertler（2000）将这一理论应用于前瞻性泰勒规则的实证检验中，对美联储不同历史时期的货币政策进行估计与评价，发现通胀反应系数在沃尔克执政前后有明显不同——通货膨胀反应系数 β 值在前沃尔克时期小于 1（$\beta=0.83$），而在 Volcker - Greenspan 时期则远远大于 1（$\beta=2.15$）。这说明美国的货币政策确实发生了某种改变，而这一转变与美国经济由大通胀向大缓和的转变是相对应的，提供了货币政策规则能创造良好经济绩效的间接证据。

具体到泰勒规则的实证研究中，文献中常见的做法是通过在央行政策反应函数中引入前瞻性因素来消除政策时滞的影响，即用 $t+1$ 的通胀率代替 t 期的通胀率。本书依据 Clarida，Gali 和 Gertler（2000）对标准泰勒规则形式的改进，建立前瞻性政策反应函数：

$$i_t^* = r^* + \pi_t + \beta(E[\pi_{t,k} \mid \Omega_t] - \pi^*) + \gamma E[y_{t,q} \mid \Omega_t] \quad (3-8)$$

其中，i_t^* 为政策目标利率，r^* 为均衡实际利率，β 和 γ 分别为通胀及产出缺口反应系数，E 为期望算子，$\pi_{t,k}$是从 t 期到 $t+k$ 期的价格水平变化，$y_{t,q}$ 为 t 期到 $t+q$ 期的平均产出缺口；Ω_t 为在 t 期中央银行设定利率时所获得的信息集。

前瞻性意味着经济政策会对中央银行所关心变量未来值的信息做出

反应，最常见的 k 值是一个季度（其优点在于简单），以及四个季度（这对应于货币政策产生显著影响的时间长度）。因此若令式（3－8）中的 $k=1$ 和 $k=4$，则代表未来通胀不同时间的预测值，本实证先令 $k=1$，$q=1$，用 π_{t+1} 表示 $t+1$ 期的通胀，y_{t+1} 表示 $t+1$ 期的产出缺口，至于 $k=4$ 的情况，留作稳健性检验。另外，考虑到实际操作中的可行性，当期数据通常在下一期才能获得，因此本节以 $t-1$ 期的数据代替 t 期的数据，因此通货膨胀率以及信息集都表示成滞后项，式（3－8）转化为：

$$i_t^* = r^* + \pi_{t-1} + \beta[E(\pi_{t+1} \mid \Omega_{t-1}) - \pi^*] + \gamma E(y_{t+1} \mid \Omega_{t-1}) \tag{3-9}$$

将式（3－9）和表示利率平滑的式（3－2）合并，得到：

$$i_t = (1-\rho)\{r^* + \pi_{t-1} + \beta[E(\pi_{t+1} \mid \Omega_{t-1}) - \pi^*] + \gamma E(y_{t+1} \mid \Omega_{t-1})\} + \rho i_{t-1} + v_t \tag{3-10}$$

去掉不可观测的预期项，式（3－10）变为：

$$i_t = (1-\rho)[r_t^* + \pi_{t-1} + \beta(\pi_{t+1} - \pi^*) + \gamma y_{t+1}] + \rho i_{t-1} + \varepsilon_t \tag{3-11}$$

误差项 $\varepsilon_t \equiv -(1-\rho)\{\beta[\pi_{t+1} - E(\pi_{t+1} \mid \Omega_{t-1})] + \gamma[y_{t+1} - E(y_{t+1} \mid \Omega_{t-1})]\} + v_t$，大括号内的是预测误差项的线性组合，其中，预测误差分别是 $[\pi_{t+1} - E(\pi_{t+1} \mid \Omega_{t-1})]$ 和 $[y_{t+1} - E(y_{t+1} \mid \Omega_{t-1})]$，它们是序列不相关的，但是与 $t+1$ 期通胀信息和 $t+1$ 期的产出缺口信息相关，由于这些信息与 t 期的信息集无关，因此误差项 ε_t 与信息集 Ω_t 正交。

为方便实证检验，式（3－11）可以进一步简化为：

$$i_t = \alpha + (1-\rho)\pi_{t-1} + (1-\rho)\beta\pi_{t+1} + (1-\rho)\gamma y_{t+1} + \rho i_{t-1} + \varepsilon_t \tag{3-12}$$

其中，$\alpha = (1-\rho)(r_t^* - \beta\pi^*)$。假设 z_t 代表已知工具变量（$z_t \in \Omega_t$），并且正交于外生利率冲击 v_t（$E[\varepsilon_t \mid z_t] = 0$），则式（3－13）代

表了正交条件：

$$E\{[i_t - \alpha - (1-\rho)\pi_{t-1} - (1-\rho)\beta\pi_{t+1} - (1-\rho)\gamma y_{t+1} - \rho i_{t-1}]z_t\} = 0 \tag{3-13}$$

式（3－12）即为包含利率平滑在内的前瞻性泰勒规则实证方程。为估计参数向量［α,β,γ,ρ］，我们使用 GMM（Generalized Method of Moments）方法。工具变量 z_t 包括产出、通胀、利率和商品价格的滞后值。这些变量都对预测通胀和产出有用，外生于利率。

依照上述方法，我们来求不包含利率平滑的前瞻性泰勒规则实证方程。首先根据式（3－9）去掉不可观测误差项后，得出：

$$i_t = r_t^* + \pi_{t-1} + \beta(\pi_{t+1} - \pi^*) + \gamma y_{t+1} + \varepsilon'_t \tag{3-14}$$

其中，误差项 $\varepsilon'_t \equiv -\{\beta[\pi_{t+1} - E(\pi_{t+1} \mid \Omega_{t-1})] + \gamma[y_{t+1} - E(y_{t+1} \mid \Omega_{t-1})]\}$，大括号内的是预测误差项的线性组合，其中，预测误差分别是［$\pi_{t+1} - E(\pi_{t+1} \mid \Omega_{t-1})$］和［$y_{t+1} - E(y_{t+1} \mid \Omega_{t-1})$］，它们是序列不相关的，但是与 $t+1$ 期通胀信息和 $t+1$ 期的产出缺口信息相关，由于这些信息与 t 期的信息集无关，因此误差项 ε_t 与信息集 Ω_t 正交。将式（3－14)进一步简化：

$$i_t = \alpha + \pi_{t-1} + \beta\pi_{t+1} + \gamma y_{t+1} + \varepsilon'_t \tag{3-15}$$

其中，$\alpha = r_t^* - \beta\pi^*$。同样根据 GMM 方法对上式进行估计。

二、相关变量及数据的选取

本书的数据样本区间为 1992 年第一季度至 2018 年第四季度，各变量指标数据的选取和处理过程如下：

（一）名义利率代理变量的选取及处理过程

自从 20 世纪 90 年代以来，世界大多数国家开始采用以设定短期名义利率来实施货币政策的方式，如 Taylor（1993）采用的是将美国联邦基金利率作为泰勒规则的货币市场基准利率。而在中国，由于利率市场化起步较晚，尚未形成类似美国联邦基金利率这样的市场基准利率，相比较而言，中国银行间同业拆借市场和银行间债券回购市场是中国利率市场化程度最高的市场。1996 年 1 月 3 日，全国统一的银行间同业拆借市场正式建立，经过 30 多年的发展，其数据最为全面，并且由于同业拆借是各机构在银行间市场拆借资金，其利率水平较债券回购利率更能体现资金的真实价格。杨绍基（2005）与刘明志（2006）分别从不同角度论证得出，银行间同业拆借市场和债券回购市场之间存在双向的格兰杰因果关系，两者交易目的相似，但是 7 天期银行间同业拆借和债券回购交易比例较高，并且利率走势比较平稳。因此，本书选择 7 天期银行间同业拆借利率作为名义利率的代理变量。1996 年第一季度至 2018 年第四季度的 7 天期银行间同业拆借利率是根据《中国人民银行统计季报》和中国人民银行官网公布的月度数据计算得到①。1992—1995 年的季度利率数据则选取上海融资中心同业拆借利率，数据来自上海融资中心。尽管利率期限在两个时段并不匹配，但由于 1992—1995 年上海融资中心的各期限的利率差别不大，期限不一致不会对检验造成大的影响（谢平、罗雄，2002）。按照上述处理过程得到的名义利率数据如图 3 –9 所示。

（二）通货膨胀率

一般来说，衡量通货膨胀的指标不外乎生产者价格指数（PPI）、CPI、PCE 以及 GDP 平减指数。从理论上讲，GDP 平减指数是最合适的

---

① 根据中国人民银行公布的 7 天期银行拆借交易量和加权平均利率的月度数据，季度加权平均利率的计算公式为：$\bar{r} = r_1 \frac{f_1}{\sum f} + r_2 \frac{f_2}{\sum f} + r_3 \frac{f_3}{\sum f}$，其中，$r_1$、$r_2$ 和 r_3 分别为对应季度的 1 月、2 月和 3 月的月度加权平均利率，f_i 为对应月份的交易量。

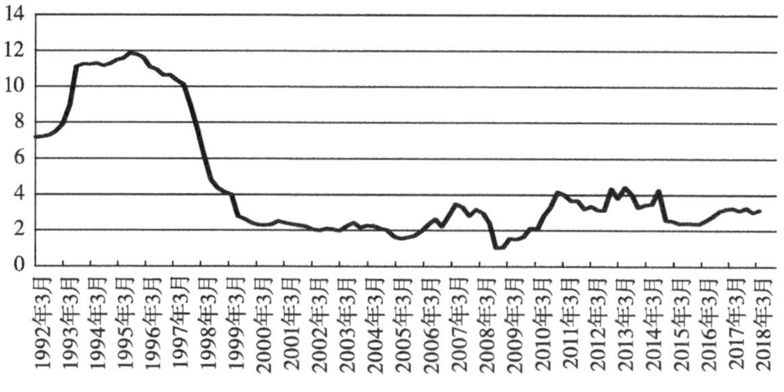

图3－9　1992年3月至2018年3月中国名义利率（季度数据）

资料来源：中国人民银行官网（http：//www. pbc. gov. cn）。

通货膨胀指标，但由于该指标计算复杂，资料收集困难，因此，在实践中很少使用。PPI只能反映生产的价格变动情况，因其较低的全面性而使用率不高。CPI与PCE相比，CPI受到的关注度更高，也是国际上讨论通胀的通用指标。CPI和PCE都是美国判断通胀的重要指标。历史上CPI受到的关注度更高，这在很大程度上是因为美国劳动统计局（BLS）发布CPI的时间（统计月结束后的2～3周）要早于美国经济分析局（BEA）发布PCE的时间（统计月结束后4周），一般来说，CPI对于市场的影响更大。不过，随着美联储于2000年将PCE作为其判断通胀的主要指标，市场也越来越重视PCE。自2004年7月起，FOMC决定将重点放在核心PCE指数上，该指数不包括食品和能源价格。针对中国的情况，由于中国没有实行PCE来衡量通货膨胀率，而CPI是与居民生活关系最密切又具有实践性的综合指数。因此，本书选择CPI作为通货膨胀的代理变量。首先，根据国家统计局公布的月度同比CPI数据，数据来自国家统计局官网以及《中国经济景气月报》，将季度内各月CPI数据的算术平均数作为季度CPI。然后，利用公式 $\pi_t = (CPI - 1) \times 100\%$，得到季度通货膨胀率（见图3－10）。

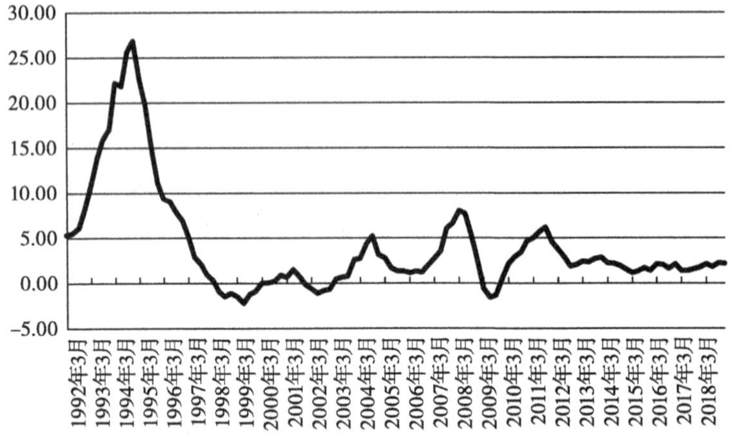

图 3－10　1992 年 3 月至 2018 年 3 月中国通货膨胀率（季度数据）

资料来源：国家统计局官网以及《中国经济景气月报》。

（三）潜在产出及产出缺口的估算

在文献中，对于潜在产出以及产出缺口的估算方法通常有两类：一类是对实际 GDP 时间序列进行分解，将其分为潜在产出和围绕潜在产出波动的产出缺口部分；另一类是利用生产函数估计得到潜在产出，根据某一特定的生产函数模式，将生产要素投入量进行改变以得出产出的增减。虽然生产函数法有其理论依据做支撑，但是受限于中国实际，对生产要素中的劳动和资本数据的收集并不充分准确，易造成较大的估计误差，因此本书采用第一种方法，具体是使用 HP 滤波法来估计潜在产出。

为测算产出缺口，首先需要测算实际季度 GDP，本书主要利用官方公布的现价核算季度累计 GDP 和可比价计算的累计 GDP 季度增长率数据计算实际季度 GDP。具体的处理过程如下：

首先，利用累计 GDP 季度增长率数据和 2000 年的名义累计 GDP 计算出以 2000 年为基期的实际累计 GDP，并将实际累计 GDP 数据转化为实际季度 GDP。然后，利用 EViews 软件中 X－12 季节调整方法，剔除实际季度 GDP 的季节成分，得到实际产出 Y_t 。得到实际产出数据后，利用 HP 滤波方法测算潜在产出 Y_t^* ，进而得到产出缺口 y_t 。1992 年 3 月至 2018 年 11 月中国产出缺口见图 3－11。

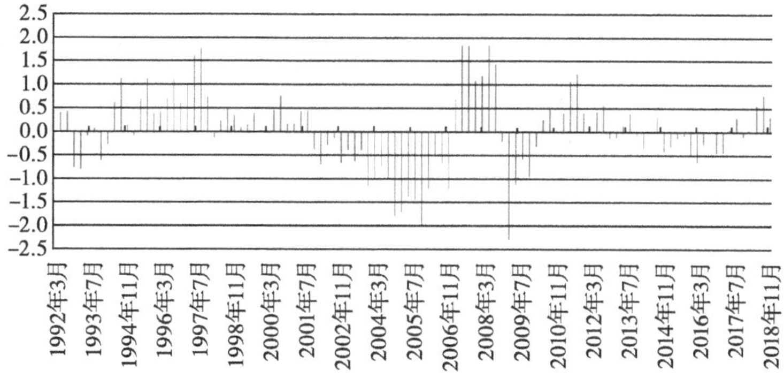

图 3－11　1992 年 3 月至 2018 年 11 月中国产出缺口（季度数据）

资料来源：Wind。

三、实证分析

（一）标准泰勒规则估计

1. 不考虑平滑的标准泰勒规则

对式（3－5）进行最小二乘估计：

$$i_t^* = \alpha + (1+\beta)\pi_t + \gamma y_t \qquad (3-5)$$

估计结果如下（具体结果见附录 3）：

$$i_t^* = 2.93 + 0.43\pi_t + 0.94 y_t \qquad (3-16)$$

$$(0.26)\ (0.03)\qquad (0.27)$$

$$R^2 = 0.62 \quad DW = 0.17$$

式（3－16）中的通胀反应系数为 0.43（ $\beta = 0.43 - 1 = -0.57$ ）。而根据泰勒定理，通胀反应系数只有大于 1 时，才能保证名义目标利率的变化大于通胀的变化。如果名义利率上升的幅度小于通货膨胀率，实际利率就会随着通货膨胀率的上升而下降，相当于货币政策放松银根，会导致未来通货膨胀率进一步升高。从这一点上说，不考虑平滑的泰勒规则因不符合泰勒定理而具有不稳定的性质。另外，产出缺口反应系数为0.94。这一数值不仅大于零，说明中国人民银行可以根据产出的变化“逆风而行”，如果产出缺口为正，就提高利率、执行紧缩货币政策，如果产出缺口为负，就降低利率、执行宽松货币政策；而且0.94大于标准泰勒规则假定的0.5系数，接近于Taylor（1999）提出的泰勒规则变体形式——产出缺口系数为1.0的泰勒规则，这一系数规则在美联储实际决策中也是备选规则之一，这一偏高的权重系数说明中国货币政策相较于价格稳定更在意产出的稳定。

2. 考虑平滑的标准泰勒规则

对式（3-7）进行估计：

$$i_t = \alpha + (1-\rho)(1+\beta)\pi_t + (1-\rho)\gamma y_t + \rho i_{t-1} + v_t \qquad (3-7)$$

估计结果如下（具体结果见附录3）：

$$\underset{(0.09)}{i_t = 0.16} + \underset{(0.01)}{0.07\pi_t} + \underset{(0.06)}{0.07 y_t} + \underset{(0.02)}{0.90 i_{t-1}} \qquad (3-17)$$

$$R^2 = 0.98 \quad DW = 1.60$$

根据式（3-17）的估计系数，可以进一步计算出（β，γ）。由于$\rho = 0.90$，因此计算出来的$\beta = -0.3$，$\gamma = 0.7$。β系数虽然仍为负，但比不含利率平滑的标准泰勒规则数值（-0.57）要小，说明仍不符合泰勒定理，但稳定性要稍强一些。产出缺口反应系数0.7虽然比不含利率平滑的标准泰勒规则数值（0.94）要小，但仍大于0.5（Taylor，1993），说明对产出的权重仍然较大。利率平滑系数为0.9，说明中国人民银行存在较明显的主动调节利率行为，并且与利率平滑的实证文献较一致。Sack和Wieland（1999）对利率平滑行为究竟是货币当局对宏观经济条件持续性的被动反应还是主动调节提出疑问。如果滞后利率项的系数比较小，则说明利率平滑行为仅仅是货币当局对宏观经济的被动反应；如果这一系数较大，则说明利率平滑现象的产生是由于货币当局的主动调节。式（3－17）中利率平滑系数0.9的取值不仅反映了中国人民银行有意地“部分调整”利率，而且说明其在较长时间内分配政策利率预期变化的意图。

对以上结果进行比较（见图3－12、图3－13），我们发现与考虑利率平滑的泰勒规则相比，不考虑利率平滑的标准泰勒规则即泰勒的

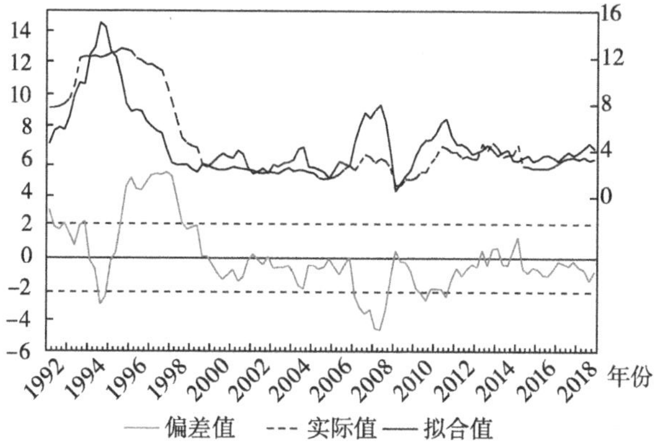

图3－12　不考虑利率平滑的标准泰勒规则

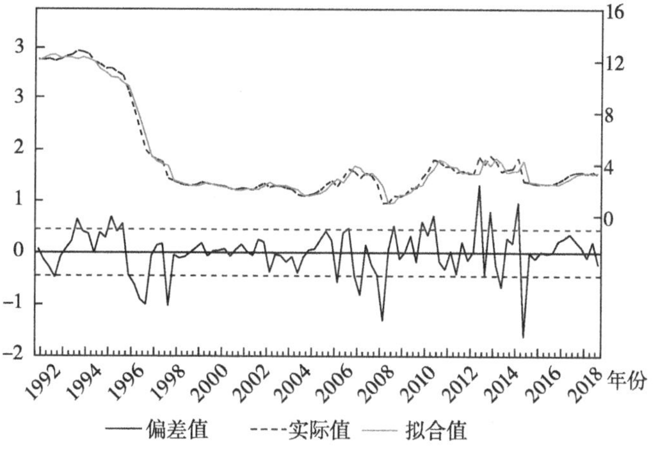

图3－13　考虑利率平滑的标准泰勒规则

1993 规则（Taylor 1993 rule）的拟合值与名义利率的实际值之间存在较大偏差，特别是在 1995—1999 年（拟合值低于实际值）、2007—2009 年（拟合值高于实际值）。这些偏差构成了标准泰勒规则采用利率惯性的支持证据。

3. 考虑利率平滑的分段估计

由于本样本时间跨度较长，其间爆发了 1997 年亚洲金融危机和 2008 年国际金融危机，世界宏观经济形势和中国国内的改革开放形势都发生了巨大的变化，因此将样本分时段、单独估计可能更有意义。对式（3 - 7）进行 Chow 断点检验（见表 3 - 2），发现其在 1992 年第一季度至 1997 年第三季度、1997 年第四季度至 2008 年第三季度以及 2008 年第四季度至 2018 年第四季度这三个样本区间明显不同，在 0.0000 的显著性水平下拒绝了稳定性假设，因此，分成三段估计更有意义，见表 3 - 2。

表 3 - 2　Chow 断点检验

F 统计量	5.396850	相伴概率	0.0000
对数似然比统计量	40.08676	相伴概率	0.0000

对三个区间的估计结果见表 3 - 3。

表 3 - 3　分样本回归结果

样本区间	α	π_t	y_t	i_{t-1}	R^2
1992 年第一季度至 1997 年第三季度	1.70	0.03	-0.03	0.82	0.92
1997 年第四季度至 2008 年第三季度	0.56	0.02	0.09	0.75	0.95
2008 年第四季度至 2018 年第四季度	0.96	0.06	0.38	0.65	0.75

根据表 3 - 3 的结果，可以进一步计算出三个区间的（β，γ），如表 3 - 4 所示。

表 3－4　通胀系数与产出缺口系数

样本区间	β	γ
1992 年第一季度至 1997 年第三季度	－0.83	－0.17
1997 年第四季度至 2008 年第三季度	－0.92	0.36
2008 年第四季度至 2018 年第四季度	－0.80	1.09

以上表明，对于分时段估计的三个区间，考虑利率平滑的标准泰勒规则在通胀稳定性上均不符合泰勒定理，而在产出稳定性上则有显著改善。

（二）前瞻性泰勒规则估计

1. 协整检验

利率长期内与经济增长及价格变动具有稳定均衡的关系是泰勒规则运用的基石，因此首先将利用协整理论来确定利率、通货膨胀、产出等变量间是否具有长期稳定的关系。

（1）单位根检验

协整检验要求时间序列的变量必须是平稳的，因此首先采用 ADF 单位根检验法，检验短期名义利率、通货膨胀率及产出缺口三个变量的平稳性，在检验过程中确定滞后项时采用了 AIC 最小的原则，单位根检验结果表明 3 个时间序列的原始序列在显著性水平为 10% 的情况下均不存在单位根，即变量是平稳的，可以进行进一步协整分析。

（2）Johansen 协整检验

对利率与通货膨胀率、产出缺口进行协整检验，结果证明它们之间存在长期稳定的关系：迹统计量大于 5% 临界值的置信水平下拒绝原假设，迹统计量检验显示变量间存在 2 个协整方程，可以进一步进行回归分析。检验结果如表 3－5 所示。

表 3－5 Johansen 检验结果

原假设协整关系个数	特征值	迹统计量	5% 临界值
0*	0.306459	46.56478	29.79707
至多 1 个*	0.146120	16.55730	15.49471
至多 2 个	0.043002	3.604226	3.841466

注：*表示在 5% 显著性水平下拒绝原假设。

2. 不考虑利率平滑的前瞻性泰勒规则估计结果

对式（3－15）进行 GMM 估计（具体结果见附录 3）：

$$i_t = \alpha + \pi_{t-1} + \beta \pi_{t+1} + \gamma y_{t+1} + \varepsilon'_t \quad (3-15)$$

估计结果如式（3－18）：

$$i_t = \underset{(0.24)}{2.54} + \underset{(0.06)}{0.51}\pi_{t-1} - \underset{(0.07)}{0.11}\pi_{t+1} + \underset{(0.34)}{1.09}y_{t+1} \quad (3-18)$$

$$R^2 = 0.68 \quad DW = 0.24$$

从上述结果来看，$\beta = -0.11$，即使与 π_{t-1} 之前的反应系数相加，也只是不大于 1 的正数，因此不符合泰勒定理，是一种不稳定的政策反应函数。相比较而言，产出缺口的反应系数为 1.09，与上一节对于标准泰勒规则的产出系数相差不大，看来中国人民银行对产出波动的关注度比较大。

3. 考虑利率平滑的前瞻性泰勒规则估计结果

对式（3－12）进行 GMM 估计（具体结果见附录 3）：

$$i_t = \alpha + (1-\rho)\pi_{t-1} + (1-\rho)\beta\pi_{t+1} + (1-\rho)\gamma y_{t+1} + \rho i_{t-1} + \varepsilon_t \quad (3-12)$$

估计结果如式（3－19）：

$$i_t = 0.15 + 0.01\pi_{t-1} + 0.04\pi_{t+1} + 0.04 y_{t+1} + 0.90 i_{t-1} \quad (3-19)$$

$$\begin{array}{ccccc}(0.06)(0.01) & & (0.02) & (0.05) & (0.02)\end{array}$$

$$R^2 = 0.98 \quad DW = 1.84$$

通过该结果计算出来$\beta = 0.42$，$\gamma = 0.45$，这一结果与泰勒1993年提出的标准泰勒规则系数相似，说明货币政策不仅能够对通货膨胀的变化进行充足的反应，而且符合“逆风而行”的特点，并且由于考虑到前瞻性因素，因此，这也符合货币政策应以可预测的方式应对经济状况的变化，所以如果以美联储的《货币政策报告》中对良好货币政策规则的三个关键原则的描述，则这一形式的泰勒规则在中国是适用的。

另外，该规则的利率平滑系数为0.90，这与大多数人的直觉一致，并且与上文考虑利率平滑的标准泰勒规则结果相似。而从R^2和DW值上可以看出添加了利率平滑项的前瞻性泰勒规则在拟合性上更好，见图3－14、图3－15。

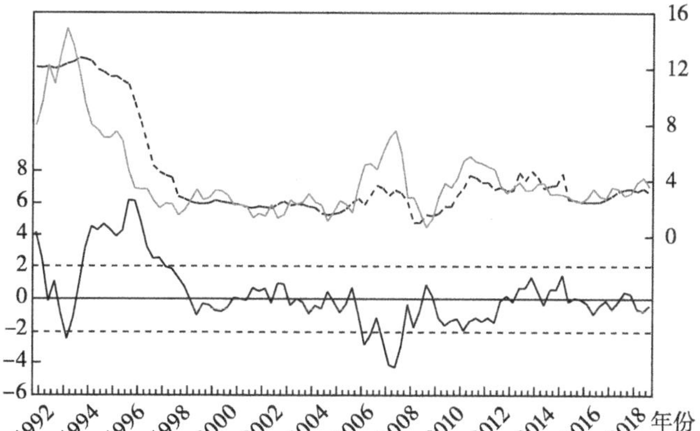

图3－14　不考虑利率平滑的前瞻性泰勒规则

接下来，我们对式（3－19）进行稳健性检验。其实，式（3－19）所依据的式（3－12）是将通胀和产出缺口的前瞻性都限定为提前一个

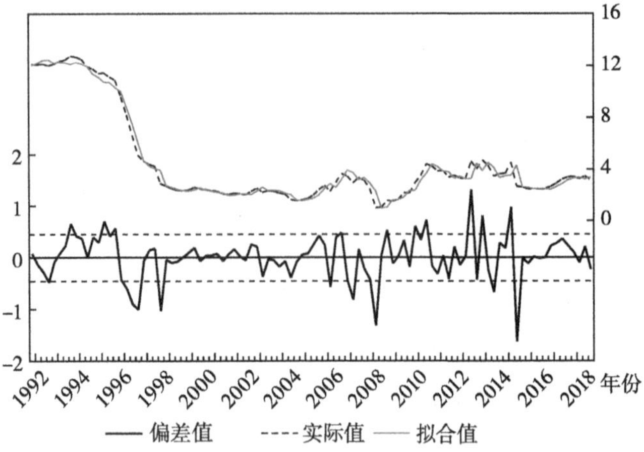

图 3-15 考虑利率平滑的前瞻性泰勒规则

季度，即 $k=1$，$q=1$，下面我们进行 $k=4$，$q=1$ 时的 GMM 估计[①]。两者取值的区别是，前者简单，后者对应的是货币政策一般产生影响的时间长度。结果如下（具体结果见附录 3）：

$$i_t = 0.18 + 0.03\pi_{t-1} + 0.04\pi_{t+4} + 0.13y_{t+1} + 0.90i_{t-1} \quad (3-20)$$

(0.07) (0.01) (0.02) (0.05) (0.02)

$R^2=0.98$ DW $=1.88$

上述结果不仅系数符号符合经济学意义，而且统计显著。尤其是产出缺口系数，与 $k=1$，$q=1$ 的估计结果相比，不仅数值明显提高，而且在 5% 显著性水平下具有显著统计性。根据式（3-20）结果计算出来 $\beta = 0.39$，$\gamma = 1.38$ 均为正值，说明这是一个稳定的货币政策形式。除此之外，$k=4$，$q=1$ 的结果与 $k=1$，$q=1$ 的结果，不论是在前瞻性通胀的反应系数、利率平滑系数，还是 R^2 和 DW 值上，都比较接近。以上分析见表 3-6。

① 这一稳健性方法也是借鉴于 Clarida, Gali 和 Gertler(2000) 的研究。

表3－6 不同通胀前瞻时期的利率平滑泰勒规则

指标	$k=1, q=1$	$k=4, q=1$
利率平滑系数	0.904387	0.902583
通胀反应系数	0.040332	0.037796
产出缺口反应系数	0.042845	0.134637
R^2	0.984363	0.983872
DW	1.842436	1.881647
β	0.421825	0.387982
γ	0.448108	1.382069

第四节 小结

中国正处于货币政策框架的转型期。虽然以货币供应量为中介目标的货币政策在中国经济发展的历史上发挥了巨大而有效的作用，但是由于金融管制的放松和技术变迁引发了金融创新浪潮，使货币数量与通货膨胀的关系不再稳定，货币供应量对通货膨胀的预测能力越来越差。在此背景下，建立起以利率为中介目标的货币政策框架就越来越紧迫了。

在分析利率作为中介目标的现实可行性之后，本章对简单形式的泰勒规则以及考虑前瞻性与利率平滑的泰勒规则扩展形式在中国的适用性进行了估计。现将结论总结如下：

首先，考虑利率平滑的泰勒规则形式，不论是否前瞻，其拟合优度都强于不考虑利率平滑的泰勒规则，这说明我国货币政策适用于利率平滑分析。利率平滑系数较大，反映了我国中央银行固有或内在的惯性属性，即有意在较长时间内分配政策利率的预期变化。

其次，前瞻性泰勒规则能更好地刻画中国货币政策的利率设置行为。在考虑了前瞻性因素之后，通胀反应系数由未考虑前瞻时的负值转变为正值，不仅统计显著，而且符合泰勒定理；产出缺口反应系数符号与数值也符合经济学意义。

最后，泰勒规则的系数存在时变，通过 Chow 断点检验，发现在不同时段系数并不一样。

以上结论说明，泰勒规则是对中国货币政策历史行为一种较合意的刻画。通过建立前瞻性平滑的泰勒规则，中国可以采用以利率为中介目标、实施利率规则的货币政策框架。

第四章

开放条件下泰勒规则的扩展

泰勒规则是一种封闭条件下的货币政策反应函数，它仅仅针对通胀和产出的变化做出反应，在开放条件下货币政策应该遵循哪种形式，是一个重要但悬而未决的问题。Taylor（2001）曾提出在浮动汇率制、通货膨胀目标制和货币政策规则“三位一体”（trinity）[①] 的货币政策制度选择下利率应对汇率做出多大反应的问题。一些研究表明，对汇率直接反应的货币政策规则，在稳定通胀和实际产出上表现并不优异，有时甚至比不对汇率反应的货币政策规则表现还要差。但另一些研究表明，将汇率变量纳入泰勒规则中进行形式上的扩展，对发达国家和发展中国家来说反应是不同的。本章首先介绍有关开放条件下利率规则纳入汇率变量的研究，重点区分发达国家和发展中国家的实证结果，并对其实证结果进行解释；其次对中国货币政策是否对汇率反应进行实证研究，以介绍汇率与利率的现实联系为起点，通过介绍发展中国家存在的汇率—通胀—利率联系，抛出问题，然后根据 Mohanty 和 Klau（2004）提出的泰勒规则扩展方程以及包含预期的前瞻性泰勒规则方程，实证检验中国的利率是否对汇率进行了反应。

① “三位一体”的说法见 Taylor(2001)的研究，当时他提出一国货币政策的选择问题其实可以归纳为固定或浮动汇率制、通货膨胀目标制以及某种形式的货币政策规则三个方面。

第一节 开放条件下泰勒规则文献综述

首先，本节将泰勒规则的研究置于一个系统性研究课题——“三位一体”论中，来论证汇率之于泰勒规则的角色。其次，本章介绍开放条件下泰勒规则的早期研究，由于泰勒规则是在西方发达国家中首先提出并被一些发达国家所采用，因此这方面的早期研究主要是针对发达国家的，其研究结论以否定为主，认为与不对汇率反应的泰勒规则相比，补充汇率反应项的泰勒规则表现并不好，甚至更差，因此建议泰勒规则不应添加汇率反应项。对此 Taylor（2001）的解释是这并不能说明利率并不是对汇率不反应，而只是其为间接反应。最后，对比发达国家，由于 Calvo 和 Reinhart（2002）发现发展中国家尤其是新兴市场经济体（EME）存在“害怕浮动”的现象，催生了对发展中国家开放条件下利率规则的研究新热潮，许多研究发现，新兴市场国家的通胀目标制中，其利率反应函数（泰勒规则）通常（隐含地）包含汇率。

一、货币政策的全新“改版”

中央银行应该奉行什么样的货币政策和货币制度？关于这一问题的研究，在 20 世纪 90 年代进入一个新阶段。

首先，20 世纪 90 年代以来陆续有一些国家（新西兰、加拿大、英国、瑞典、芬兰、澳大利亚和西班牙）采取一种新的货币政策制度——通货膨胀目标制。它的产生源于之前采用货币总量指标实施货币政策的现实做法的失败。由于货币总量与目标变量（通货膨胀）之间的现实联系变得十分微弱，以货币总量为中介目标的货币制度不仅不能稳定通胀预期，而且无法提高货币政策透明度、增加中央银行的可信度，因此许多想保持物价稳定的国家转而采用了以通货膨胀为目标的货币政策制度。通货膨胀目标制是以价格稳定作为货币政策首要、长期目标的一种货币政策制度和货币政策框架①。中央银行规定一个量化的通胀目标来明确表示货币政策目标，目标的量化形式可以采用固定时间间隔（interval）形式（如每两年进行一次调整），也可以采用具体数值形式（一般为1.5%～2.5%），货币政策钉住这一通货膨胀预期目标，实现货币政策长期内稳定价格的最终目标。事实证明，上述国家在实行该货币政策制度后，对于通胀的管理效果是显著的，因此从实践上推动了通胀目标制在全球范围的推广。

其次，Taylor（1993）提出了以利率为政策手段或政策工具（policy instrument）来实施货币政策的具体做法，指出通过利率对通胀和产出缺口反应的货币政策规则（泰勒规则）来调整、确定利率水平。这一利率规则的提出是对以往货币供应量规则及相机抉择货币政策的纠偏。由于它成功刻画了20世纪80—90年代美国货币政策的现实走势，加上形式简单、易于操作，所以迅速成为众多发达国家和EME国家评价货币政策立场的通用标准。也正是由于泰勒规则的广泛采用，使利率获得众多中央银行在政策手段（工具）选择上的青睐。时至今日，许多中央银行都会明确地或隐含地钉住最短期限利率，期望通过对它的调整影响长期利率进而影响总需求。

最后，Obstfeld和Rogoff（1995）提出在国际资本流动加剧情况下，固定汇率制难以为继的观点，引发了20世纪90年代后期对固定汇率制崩溃的研究。在他们看来，固定汇率制作为历史上曾经长期出现的现象，有其固有优点，如固定汇率可以减少汇率波动的不确定性从而有利

① Svensson(1999)认为通胀目标制是一种目标规则，而Bernanke和Mishkin(1997)与King(2003)认为通货膨胀目标化实际上不是一种规则，而是一个货币政策框架。本书取后一种理解。

于国际贸易、国际投资的发展，在这方面，布雷顿森林体系和欧洲经济一体化都可以证明；另外，钉住一个低通胀率国家的货币有助于控制本国通胀压力，使本国政府能够抵抗经济过度扩张所带来的诱惑。但是伴随着资本管制的取消、世界资本市场获得长足发展，维持固定汇率制愈加困难了，这体现在国际投机资本对一国经济的冲击上。虽然一国的外汇储备从理论上绝对可以在数量上抵抗外汇投机，但前提是不考虑其他政策目标，而这一前提条件在现实中无法得到满足，不仅会形成对一国政府及货币政策可信度的质疑，加剧投机攻击，还会造成国内产出和通胀的波动，维持固定汇率制的成本将会非常大。因此，为了减少通胀和汇率波动，唯一的解决办法就是改革国内货币政策体制：赋予中央银行及其货币政策以真正的独立性，挣脱固定汇率制的约束。可以说，Obstfeld 和 Rogoff（1995）的研究改写了人们对开放经济货币政策和货币制度的看法。

如上所述的三个改变构成了 Taylor（2001）所说的各国实施“三位一体”货币政策面临的新现实：通货膨胀目标制、利率规则（泰勒规则）与浮动汇率制。其中，通货膨胀目标制和泰勒规则，一个为货币政策提供新的“名义锚”和货币政策长期目标，一个为实现这一目标提供了具体手段，因此两者的组合“单目标单工具”得到广泛认可。Svensson（1997）和 Ball（1997）对此提供了理论基础，认为最优货币政策应是通胀目标制和泰勒规则的结合。但在 Obstfeld 和 Rogoff（1995）所说的开放经济中，若一国变固定汇率制为浮动汇率制，上述组合还能被称为最优政策吗？货币政策工具（利率）是否应该对汇率做出反应，还是只关注国内的指标如通胀和产出？如果接受开放经济条件下货币政策“三位一体”分析的话，那么与开放经济联系最紧密的汇率该如何在货币政策中体现出来？

二、利率对汇率反应相关研究的早期文献

继 Obstfeld 和 Rogoff（1995）的相关研究文献发表之后，人们便开始对开放条件下的货币政策进行研究，而早期将汇率与货币政策规则两者融合的文献，多是采用以下形式：

$$i_t = f\pi_t + g y_t + h_0 e_t + h_1 e_{t-1} \tag{4-1}$$

其中，i_t 是中央政策设置的短期名义利率，π_t 是通胀率，y_t 是实际 GDP 与潜在 GDP 的缺口，变量 e_t 是汇率（其值变大代表升值）。式(4-1)的四个系数分别为f，g，h_0，h_1。若$f>1$，$g>0$，且 $h_0 = h_1 = 0$，则式（4-1）就是 Taylor（1995）提出的对汇率不反应的封闭经济下货币政策规则。如果按照式（4-1）的形式，那么货币政策规则是否应对汇率做出反应的问题，就变成了系数 h 是否应该是非零系数的问题，以及如果非零，那么它的符号和数量又应该是什么的问题。例如，Obstfeld 和 Rogoff（1995）认为，在 $h_0<0$，而 $h_1=0$ 情况下，若汇率升值，中央银行就应该降低利率，实行宽松的货币政策。式（4-1）中的汇率滞后项说明有比对当前汇率做出反应更复杂的动态过程。比如，在 h_1 为正、h_0 为负且其绝对值又大于 h_1 的情况下，最初的利率反应会被下一期的反应部分抵消。

较早将汇率与货币政策联系起来的是 Ball（1999），通过将汇率加入货币政策规则的基准模型，他发现可以改善小型开放经济模型的经济表现。具体来说，通过一个黏性价格的简单开放经济模型，他分两步将汇率添加进政策规则。首先，他采用 MCI（货币条件指数）取代利率来作为政策工具。MCI 是一个利率和汇率的加权和，其中利率的权重为 0.7，汇率权重为 0.3。其次，他在政策规则中将滞后汇率变量添加进来：

$$wr + (1-w)e = ay + b(\pi + \gamma e_{-1}) \tag{4-2}$$

通过移项，最后呈现给我们的就是类似式（4－1）的形式①，即利率规则方程的右边添加进了汇率的当前项和滞后项。根据 Taylor（1994）对最优政策规则的定义是能最小化产出方差和通胀方差加权之和的规则，Ball（1999）研究得出 $h_0 = -0.37$ ，$h_1 = 0.17$ ，系数的符号和数值大小与 Obstfeld 和 Rogoff（1995）提出的经验法则一致，即 h_0 和 $h_0 + h_1$ 都小于零。汇率升值10%将导致利率下降3.7%，同时滞后期有1.7%抵消作用于利率，说明长期反应为利率下降2%。之所以当期会出现负的汇率反应，是因为汇率升值对总需求有紧缩影响：升值使外国商品更便宜，国内商品更贵，净出口与总产出减少，所以降低利率可对抗这一产出紧缩的影响。而滞后期汇率对利率反应的抵消作用（由负变成正），是由于升值对通胀的滞后影响：汇率升值暂时降低了通胀，只有将系数 h_1 取为正数才能恢复通胀的正常水平。继而 Ball（1999）对添加汇率变量的政策规则的经济效果进行了研究。即若其他条件保持不变，在利率对汇率反应的政策规则下，通胀标准差从只对通胀和产出反应政策规则的2.0%减少至1.9%。因此他认为允许利率对汇率进行反应改善了宏观经济表现，是最优的货币政策规则。

Svensson（2000）利用前瞻模型和微观基础，考察了与 Ball（1999）相似的政策规则，得出 $h_0 = -0.45$ ，$h_1 = 0.45$ 。他的经济模拟效果显示，与不包含汇率的规则相比，这一包含汇率的政策规则使通胀标准差从2.1%减少到1.8%，不过产出标准差却由1.7%变为1.8%。因此他认为货币政策规则中包含汇率会使产出表现恶化。

Talyor（1999b）在研究欧洲央行的货币政策规则后得出 $h_0 = -0.25$ ，$h_1 = 0.15$ 。汇率 e_t 代表的是美元—欧元汇率，因此欧元相对于美元

① 本处按原文献书写方式，将式（4－2）中短期名义利率的形式表达为 r，汇率为 e。

10%的贬值会提高欧洲央行1%的利率，即先有一个短期2.5%的利率上升，然后在下一期降低利率1.5%。Taylor（1999b）得出的反应系数不仅比Ball的要小一些，而且他发现纳入汇率变量的泰勒规则在欧盟内部国家的经济效果表现各异。法国与意大利的通胀率与产出波动虽有所减少，但改善程度有限；而德国的通胀率虽有所降低，但产出波动却增加。因此，从总体经济表现来看，该规则相比泰勒规则并没有得到显著的改善。

三、发达国家与发展中国家对货币政策中汇率角色的不同认识

（一）发达国家对汇率角色的认识

在浮动汇率制、通胀目标制和货币政策规则“三位一体”框架下，利率是否应对汇率做出反应以及应该做出多大的反应，是开放经济下货币政策一个悬而未决的问题。对发达国家而言，关于这一问题的答案，虽然有些对利率的汇率反应进行了肯定，但同时也认为在货币政策规则中考虑汇率目标对改善宏观经济的作用有限。Taylor（2001）指出，在开放经济下，对汇率直接反应的货币政策规则，在稳定通胀和实际产出上并没有显而易见的改善，甚至还会恶化。继而他用汇率对利率的间接影响解释了这一现象。他指出，式（4－1）中将汇率反应系数h设置为零虽然表明利率对汇率没有直接反应，但是有重要的间接反应。在开放经济模型中，汇率升值一般有两个效应：产出效应和通胀效应。前者是指汇率升值通过支出转换降低了实际GDP，后者是指由于黏性价格的存在，进口价格没有货币升值的调整速度快而会显得便宜，因此降低了国内通胀。由于数据获取的时间存在迟滞，因此这两种效应的发生当期汇率升值将降低未来预期的产出和通胀水平。在像泰勒规则这样的政策规则中，对未来较低产出和通胀的预期就影响到了利率，使未来的利率

预期也下降。换句话说，当期（比如 t 期）汇率的升值可能会使中央银行在未来（$t+1$ 期）降低利率。由于利率期限结构的理性预期模型，降低未来短期利率的预期也会降低当期的长期利率。因此汇率升值，即使汇率并未直接纳入货币政策规则，也会导致当期利率的下降反应。

以发达国家为研究对象、关于货币政策是否应对汇率做出反应的研究仍在继续。Dennis（2003）在对澳大利亚的研究中发现，当进口商品主要是消费品时（进入 CPI），制定政策当局不仅应该对通胀做出反应，而且应对实际汇率波动和贸易条件做出反应。Lubik 和 Schorfheide（2007）采用澳大利亚、加拿大、新西兰和英国 1983—2002 年的数据进行小型开放经济下的 GE 模型建模，对泰勒规则进行研究，发现澳大利亚、新西兰两国的利率对汇率进行反应，但加拿大、英国两国却没有。这些文献都得出了与前文相似的结论。

（二）发展中国家对汇率角色的认识

尽管 Obstfeld 和 Rogoff（1995）得出了浮动汇率制优于固定汇率制的结论，但 Calvo 和 Reinhart（2002）发现发展中国家尤其是 EME 存在"害怕浮动"的现象。这一发现催生了对发展中国家开放条件下利率规则与货币政策反应函数的研究新热潮。

1. 汇率之于发展中国家的重要性

众多研究发现，许多 EME 国家通过调整利率来稳定汇率，并且干预程度渐大。是什么原因导致这一与发达国家相异的情况呢？理论上，一国关注汇率的原因不外乎汇率对通胀的传递效应、保持贸易竞争力和维护金融稳定。但是就发展中国家的情况而言，由于其通胀水平较发达国家更高，金融体系更不完善，货币政策的可信度不高，因此易受资本流动骤停（sudden stops）和接二连三的汇率暴跌影响（Calvo and Mishkin，2003）。在面对大幅度的汇率冲击且冲击持续的情况下，若选择承受汇率贬值，则可能导致通胀出现“超调”，难以恢复到以前的正常水平。考虑到发展中国家普遍存在的数额巨大的外汇负债限制其中央银行实施最后贷款人功能，其在汇率和通胀压力下只能提升利率。21 世纪初发生在南非和巴西两国的危机很好地说明了这种情况。2001 年底，由于出现货币投机、市场规避风险情绪增加，南非货币兰特遭遇大幅贬值压力，该年最后两个月内贬值幅度超过 20%。当时南非中央银行并未采取措施，只是在 2002 年 1 月由于国内通胀压力过大才提升利率。最后虽然兰特币值恢复正常，但是通胀却与目标通胀渐行渐远。巴西的情况也类似，通胀最终都表现为“超调”。Ho 和 McCauley（2003）的研究显示，通胀与目标通胀不符的新兴经济体一般都是那些遭遇汇率大幅贬值的国家。因此，考虑到发展中国家通胀高且不稳定的背景，其格外关注汇率就不难理解了。这些国家在面对汇率贬值时，不得不通过利率对汇率做出反应而达到通胀稳定的目的。

发展中国家也会出于金融稳定的目的将汇率置于较高的关注位置。Calvo 和 Reinhart（2002）将部分 EME 国家“害怕浮动”归因于这些国家的高“风险溢价”，而此高溢价是由于制度不完善和政策缺乏可信度造成的。尤其是那些易产生外汇波动单向预期和羊群效应的外汇市场不完善国家，会更加抵制汇率浮动。2001 年中和 2003 年初两次发生菲律宾比索大幅贬值，其中央银行就曾提高准备金率以限制汇率投机。

2. 发展中国家有关汇率与利率规则的实证研究

如上所述，关于开放经济中汇率与利率规则的大多数早期研究主要集中在工业化国家开放经济的模型上，Taylor（2001）发现，很少有证据支持在中央银行的政策反应函数中把汇率明确包含进来，他认为这可能反映了：①汇率变动已被间接考虑在内；②对汇率做出反应取决于潜在冲击的性质。尽管如此，Taylor（2000）、Mishkin（2000）以及 Edwards（2006）都强调了在这一领域进一步研究的必要性，特别是在新兴经济体方面。虽然如 Taylor（2001）所述，汇率一般只有在影响预期通胀时才会影响中央银行的利率，即利率只对汇率进行间接反应，而直接反应不大，但是这种教科书式的说法，应用到发展中国家未必合适。事实上，许多研究发现，新兴市场国家的通胀目标制中，其利率反应函数（泰勒规则）通常（隐含地）包含汇率。

Filosa（2001）在对成熟的新兴市场经济体利率规则的研究中发现，这些中央银行都对汇率反应强烈。Sdhmidt – Hebbel 和 Werner（2002）利用 VAR 模型比较了巴西、智利和墨西哥采用通胀目标制的情况，他们估计了包含实际汇率变量的泰勒规则方程，发现巴西的预期通胀缺口在统计上显著，而智利的产出缺口在统计上显著。他们发现三个国家的滞后贸易顺差在政策反应上为负反应且有统计显著性（即顺差导致实际汇率下降）。三个国家在短期都对汇率做出反应，并把它们认定为肮脏浮动。Mohanty 和 Klau（2004）估计了 13 个 EME 国家的修正版泰勒规则，包括通胀、产出缺口、滞后利率及当前和滞后实际汇率变化。利用 OLS 方法，他们发现十个国家的汇率反应系数统计显著，利率对汇率的反应要大于对通胀和产出缺口的反应。他们认为，这验证了“害怕浮动”假设。另外，他们还发现一些国家对通胀的反应存在不对称性，即对负的通胀冲击反应要小于对正的冲击反应。Edwards（2006）在 Mohanty 和 Klau（2004）的研究基础上，考察了泰勒规则回归式中汇率反应的决定因素，发现对于那些过去有高通胀历史、汇率大幅波动的国家，在泰勒规则方程中会产生较高的汇率反应系数。De Mello 和 Moccero（2006）估计了四个拉美国家（巴西、智利、哥伦比亚、墨西哥）的利率规则，它们都是 1999 年实行通胀目标制（IT）和采取浮动汇率的国家。他们在新凯恩斯结构模型中估计了利率反应函数，发现巴西和智利在1999年采取IT后，利率明显对预期通胀反应强烈且持续，而墨西哥是他们发现名义汇率在利率反应函数上反应统计显著的唯一国家。Aizenman，Hutchison和Noy（2011）利用十七个发展中国家的数据比较了其中执行通胀目标制的国家与非通胀目标制国家的货币政策。他们发现，IT国家比非IT国家在利率规则对通胀的反应上更强烈，同时也发现，这些IT国家的利率规则是一种混合形式——利率与汇率混合。Garcia，Restrepo和Roger（2011）设计了一个混合通胀目标模型，通过模拟认为，对于金融发展充分的发达国家而言，不需要将汇率直接反映在政策反应函数中来，但是对于较易受影响的EME国家而言，若将汇率因素包含在泰勒规则当中，则会受益。Ghosh，Qureshi和Tsangarides（2014）使用五十个新兴市场国家1980—2011年的数据重新检验了两极化的观点，发现越来越多的国家选择了管理浮动的汇率制度，而且在管理浮动制度下，发生危机的概率显著降低。

当然，关于发展中国家利率规则是否对汇率反应的研究并没有"一边倒"，也出现了不同的声音。如Cespedes等（2004）、Morón和Winkelried（2005）以及Cavoli和Rajan（2006）认为，在金融脆弱的经济体中将汇率纳入反应函数可能会带来一些好处，但是也发现最优权重很低。其中，Cavoli和Rajan（2006）比较了金融脆弱的经济体中不同货币政策规则的表现，使用泰国数据校准参数，发现最优汇率权重比较低，考虑汇率目标的通胀目标制规则可能导致宏观经济的更大幅度波动。Batini等（2007）以美元化的秘鲁经济模型说明，在易受金融冲击的经济体中不应在政策反应函数中赋予汇率权重，并且认为由于美元化削弱了相对于汇率传导的产出缺口传导渠道，因此为了达到通胀目标，不应该做任何限制汇率弹性的事情。

四、金融危机后的新认识

如果说以前关于金融危机的印象还停留在小国开放经济体易受冲击的话，2008 年国际金融危机的爆发对象则改为了发达经济体。

发达国家以前一直认为，20 世纪 90 年代末至 21 世纪初爆发的金融危机之所以主要聚焦于发展中国家，是因为这些国家金融体系包括外汇市场不够完善。Corsetti 和 Pesenti（2005）、Devereux 和 Engel（2000）等的研究表明，在存在无摩擦的国内资产市场和生产者价格黏性的假设下，若一国的金融体系发达则会达到外部稳定。Clarida，Gali 和 Gertler（2002）以及 Gali 和 Monacelli（2005）也认为发达的金融市场会使通胀稳定（和产出缺口稳定），产生外部相对价格的稳定。基于以上理论基础，发达国家的货币政策仍是有赖于封闭条件下的泰勒规则。在他们看来，当面对大规模国际资本流动和外汇风险敞口巨大时，由于发展中国家不具备高度一体化的金融体系和发达的资本市场，不能有效发挥外汇干预的作用，对金融资产的供给也会大打折扣，因此无法自动形成外部稳定。而此次发端于发达国家的金融危机则说明了危机也会发生在金融体系深化发展的发达经济体中（如欧洲银行间市场爆发的美元流动性短缺），立足于稳定国内通胀的货币政策并不能同时保证外部稳定，外部冲击对任何国家都具有重要意义。

因此接下来的问题是，在继续保持通胀稳定为一国首要政策目标的同时，要不要将汇率稳定视为新的政策目标，以及采取何种工具来稳定汇率？目前，存在两种主张：一种是用管理汇率作为新工具，这其实是回到了固定汇率的老路上；另一种是利用利率和外汇冲销干预进行内部和外部平衡的权衡。Ostry，Ghosh 和 Chamon（2012）以及 Benes 等（2013）曾提出，在利率和外汇冲销的混合政策下，通过资产组合再平衡渠道（the portfolio rebalancing channel）来达到同时稳定通胀和汇率的目标。外汇干预虽然可以平滑短期外汇波动，却存在操作上的困难，货币当局无法区分资本流动压力是短期还是长期。另外，当涉及管理长期汇率波动时，存在一个灰色区域，如当与主要储备货币国家的货币政策周期相关时，汇率管理的效果不强。外汇干预内在不对称性也使得这一问题更加复杂。由于资本流入，在不考虑干预成本时，外汇干预是无限制的，但是当资本流出时，外汇储备则是有限的。更重要的是，太过依靠外汇干预可能使一国不再能有效对付汇率波动，尤其是当存在外汇干预预期时，市场中会出现更多套期保值的个人交易者，从而加剧汇率波动。

五、国内相关研究进展

虽然中国经济和贸易的规模近年来达到了世界前几名的水平，但是中国资本市场，特别是外汇市场的发展与中国经济和贸易地位极不相称。作为发展中国家和新兴经济体的一员，中国在金融市场上的发展与其他发展中国家的共性特点明显。关于开放经济下汇率在利率规则中的表现，中国又是如何呢？

董艳玲（2007）采用 Taylor（1999）加入汇率因素的泰勒规则对中国货币政策进行实证检验，得出利率对汇率变动的反应不具有显著性。陈晓莉（2008）在泰勒规则与麦克勒姆规则基础上引入人民币汇率变动因素，发现无论是利率还是基础货币都对中美双边实际汇率变动做出了显著反应，汇率升值引起名义利率上升和基础货币增加。由于中国并不存在像美国联邦基金利率那样真正意义上的基准利率，上述文献都以市场化程度较高的银行间同业拆借利率进行替代，但中国人民银行并不能对其进行直接调整。鉴于利率半市场化国家中市场基准利率与法定基准利率并存的现实（杜金岷、郭红兵，2008），王如丰（2009）在先前研究基础上，引入中国人民银行直接控制的法定 1 年期定期存款利率，与同业拆借利率进行比较研究。在开放经济下设定泰勒规则模型的基础上，运用分位数回归方法进行实证检验。研究发现，名义利率对通货膨胀率的反应系数显著，且大于临界值1，是一种稳定的反馈机制，但对人民币实际有效汇率变动的反应总体不显著。何国华、常鑫鑫（2013）对中国货币政策选择进行了福利分析，认为当前中国货币政策操作的实际情况是汇率在货币政策目标中占有相当大的权重，虽然对中国进出口贸易的发展起到了重要作用，但对国内宏观经济的稳定却造成了负面影响。在货币政策的实际操作中，应该适当降低汇率目标的权重，增加通货膨胀的权重，这样会更加有利于国内经济的稳定，降低整体的福利损失。程远、陈雷（2016）使用小型开放的新凯恩斯宏观经济模型，分析了美联储货币政策冲击对中国采取不同汇率目标权重货币政策规则时的影响。研究发现，美联储加息政策将使中国产出减少、失业增加、通胀增加、汇率贬值。随着货币政策规则中汇率目标权重的增加，国内产出下降幅度扩大、失业增加幅度扩大、通胀增加幅度缩小、汇率贬值幅度缩小。综上，中国关于开放经济下利率规则的研究尚不能得出利率对汇率反应的确定性结论，对添加汇率变量后的货币政策造成的宏观经济表现上，研究不够深入。

第二节　中国利率对汇率反应的实证研究

本节以汇率与利率的现实联系为研究出发点，通过介绍发展中国家存在的汇率—通胀—利率联系，以中国为例抛出问题，先后考察2005年汇改以来至2018年第四季度的添加汇率变量的利率平滑泰勒规则扩展形式，及同时考虑前瞻和汇率的利率平滑泰勒规则扩展形式的估计，实证检验中国的利率是否对汇率进行反应。

一、汇率与利率的现实联系

（一）针对汇率波动的不同反应

表4－1总结了针对汇率变化的不同政策反应。主流经济学认为，利率或货币政策是否对汇率进行反应取决于冲击是实际冲击还是金融冲击，该冲击是临时性冲击还是持久冲击，不仅如此还要视中央银行是否有其他货币政策工具可用。这些政策工具不仅包括常规工具如外汇干预，还包括非常规工具如临时资本管制、债务互换和汇率管理。

表4－1　利率（货币政策）是否对汇率进行反应的情况分类

情况	实际冲击	金融冲击
临时冲击	不对汇率反应	不对汇率反应
持久冲击	财政政策	货币政策

Taylor（2001）也曾表达过类似看法，认为如果汇率贬值是由于临时扰动，则利率应保持不变（表4－1的第二排）。这是因为汇率临时变化不会对通胀预期造成大的影响，所以关注通胀的中央银行就不会考虑直接将汇率变化的后果。比如，如果一国出口需求下降，导致贸易逆差、汇率贬值，那么中央银行既面临正的价格冲击，又面临负的需求冲击，调整利率就显得不那么必要了；相反，试图减少汇率波动的举动还可能增加产出波动。Ball（1999）也认为，在这种情况下，以长期通胀率为目标而排除汇率作用是更可取的，虽然这会增加短期通胀波动，但能大幅减少产出波动。另外一种不对汇率贬值做出反应的情况（表4－1第三排第二列）是由长期实际冲击造成的，比如贸易条件的长期下降或负的生产力冲击。这种情况下首选的政策不应是货币政策，而应是其他政策如财政政策来调整总吸收水平。

那么什么情况下才应对汇率进行反应？Ball（2002）指出，如果汇率变化受到来自金融方面（如外国投资者突然撤资）的冲击，那么为了稳定通胀和产出，就应当让利率做出反应（对应于表 4 - 1 右下角的情况）。由于货币贬值将提高外部需求和价格，因此提高利率就可以减少国内需求从而稳定通胀。Ball（2002）认为，这种情况下最合适的政策工具是将汇率和利率结合起来（MCI），而不是单独使用利率。他根据澳大利亚和新西兰的经验，认为当存在金融冲击扰动时，基于 MCI 的反应与基于利率的反应相比，减少了产出波动。然而，上述观点的问题在于 MCI 并不是一个政策工具；另外，在面对冲击时，人们难以将金融冲击与实际冲击区别开来。

（二）发展中国家的利率—汇率反应

从上述分析可以看出，如果利率要对汇率进行反应，首先，必须区分引起汇率波动的是实际冲击还是金融冲击；其次，看该金融冲击是否对国内通胀水平造成大而持续的影响。对于发展中国家而言，第一个条件似乎有些苛刻，因为一旦出现冲击，人们不论是在信息的获取、冲击性质的判断上，还是在对事态发展的反应上都会力有不逮，所以发展中国家经常会以第二个条件为准。许多发展中国家本身通胀水平高且波动性大，金融开放度高易遭受汇率冲击，在面对汇率冲击从而导致通胀水平日渐升高之时，并无除利率外的其他政策工具如利用国际储备进行外汇干预，因此在实际操作中，许多新兴经济体国家倾向于选择调整利率来稳定汇率，尽管这会带来产出波动。Ho 和 McCauley（2003）的研究也发现，遭遇汇率大幅贬值的国家一般是虽然奉行通胀目标制，通胀却未能控制在目标内的新兴经济体，而这些国家在面对汇率贬值时一般会动用利率工具来控制通货膨胀。21 世纪初，南非和巴西在遭遇货币投机、资本大规模流动，造成了汇率大幅贬值时，由于未能及时进行货币政策操作，导致通胀上行，巴西甚至将 2003 年的通胀目标从之前的 4% 提高到 8.5%。

2016年2月，原中国人民银行行长周小川在G20上海会议的记者招待会上指出，作为一个经济大国，中国的货币政策主要是考虑国内宏观经济的整体情况，而不是过度基于外部经济或者资本流动来制定我们的宏观经济政策。“我们继续实行稳健的货币政策，在利率以及货币政策数量方面的考虑，主要还是要使国内经济更加健康发展，在新常态下确实使得经济发展转向新的增长模式，更加健康，更加可持续，结构更加优化。”这个表态相当于明确了在“稳增长”与“稳汇率”的目标发生冲突时，国内货币政策是以“稳增长”优先。换句话说，只有当汇率不稳且威胁到国内目标时，货币政策才会做出反应；中国货币政策目标是保持货币币值稳定，并以此促进经济增长，因此中国也应如上面分析的发展中国家一样，利率对汇率反应要视通胀水平而定。

（三）中国“汇率—通胀—利率”典型事实

在现实中，中国究竟是否也存在“汇率—通胀—利率”的连锁反应呢？首先我们先简单梳理一下中国的汇率改革。中国的汇率制度并非完全自由的浮动汇率制，按照国际货币基金组织（IMF，2016）的最新分类，中国的汇率安排由“类爬行安排”（crawl - like arrangement）[①]改为其他有管理的汇率安排。依据此标准，在2015年“8·11”汇改之前，中国的汇率波动有限，属于波幅不超过2%的软钉住汇率安排定义。虽然2005年7月21日中国实行完善人民币汇率形成机制的改革，意在让人民币汇率实现有升有贬的双向波动，但是国际市场上人民币单向升值预期盛行，甚至有人把人民币汇率的重要性等同于美元利率，视作世界经济的两块“压舱石”。在此升值预期影响下，2005年之后人民

① IMF把国际上的汇率制度分为三大类：硬钉住、软钉住和自由浮动。在《汇兑安排与汇兑限制年报》(2014)中，IMF将中国自2010年6月以后的汇率制度归类为软钉住中的“类爬行安排”。

币汇率走势以升值为主。2008 年国际金融危机爆发，为了不对国内经济产生大的冲击，我国对汇率进行了大的干预，使得汇率保持在一个稳定的区间。2015 年 8 月 11 日，中国人民银行宣布完善人民币中间价报价机制，同日大幅调低人民币兑美元中间价，引发在岸人民币 1994 年汇率并轨以来最大单日跌幅。此后人民币汇率一改往日单边升值趋势，改为在双向波动中多以贬值为主的趋势特点。

从上述分析中可以看出，自 2005 年汇改以来，人民币汇率走势可以“8・11”汇改为分水岭，“8・11”汇改之前人民币单边升值，之后又呈现出贬值走势（见图 4－1）。在“8・11”汇改之前，一个特别突出的现象就是汇率与通胀的同方向运动，而利率走向则与前两者有异。这分别表现在两个明显时期：第一个时期是从 2005 年到金融危机前，人民币汇率经历了显著升值过程，与此同时，通胀上升加速度似乎更大，而利率处于温和上升过程，甚至在 2008 年上半年 CPI 和汇率达到顶峰时，利率却大幅下降；第二个时期是 2008 年国际金融危机之后，从 2010 年 7 月开始到 2011 年中，人民币汇率重启升值态势，通胀上升势头再次超过汇率升值速度，而利率则几度下跌。虽然王胜、田涛（2015）在解释中国汇率和通胀的因果关系时，认为从均值层面看，汇率变动是 CPI 变动的 Granger 原因，CPI 变动不是汇率变动的 Granger 原因，而从波动层面看，汇率波动性对 CPI 波动性存在显著的 ARCH 效应，说明汇率波动水平会显著影响 CPI 波动大小，CPI 波动水平对汇率变动的 ARCH 效应则不显著，但是按照宏观经济学的说法，本币汇率上升会通过降低进口价格进而抑制国内通货膨胀，中国汇率与通胀的同方向运动显然与此理论背道而驰。2011 年 7 月，当 CPI 达到峰值掉头下行时，我们看到 CPI 运行轨迹与汇率运行轨迹的方向截然相反并相交，印证了汇率升值通胀下降的逻辑，同时利率也随之下降。之后汇率上升，利率呈下降走势，而利率与通胀走势仍有出入，并不一致，表现为2012—2015年前半年通胀下降、利率上升。

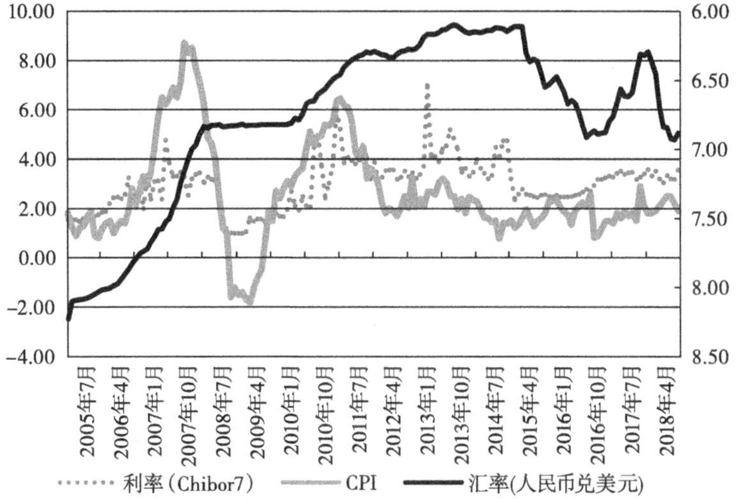

图4－1　2005年7月至2018年4月人民币汇率、通胀和利率走势

注：左轴代表CPI和利率，右轴代表汇率。为使图形更加形象，将右轴采取倒序，因此汇率图形下降即代表汇率贬值，图形上升代表汇率升值。

资料来源：Wind。其中，CPI为月度同比数据，利率为Chibor7天月度加权平均数据，汇率为人民币兑美元汇率月度平均计算得来。

2015年8月11日，中国人民银行宣布完善人民币中间价报价机制，触发了预期自我强化、自我实现的贬值恶性循环。人民币兑美元汇率由7月的6.12上升至8月的6.31，到了9月，尽管中国人民银行采取了外汇干预等措施，但贬值势头继续发展，直到10月，汇率才稳定下来（见图4－2）。在金融冲击、人民币汇率贬值情境下笔者对中国的利率和通胀反应进行分析。从图4－3可以看出，从"8·11"汇改至今，总体而言，汇率存在贬值走势，而利率存在升值趋势，其中，存在两个汇率升值、通胀上升的同步阶段和三个汇率贬值、通胀下降的同步阶段。这一方面可以粗略判断中国汇率与利率的关系为负向的；另一方面再次印证了王胜、田涛（2015）的说法，并且与Ho和McCauley（2003）、

Mohanty 和 Klau（2004）研究的 EME 国家先有汇率波动剧烈再有通胀反应的发现一致。然而，上述 EME 国家的汇率与通胀往往是相反走向，并且根据泰勒规则，利率对通胀是积极的反应才对，而这些在图 4－1 和图 4－3中并不明显。

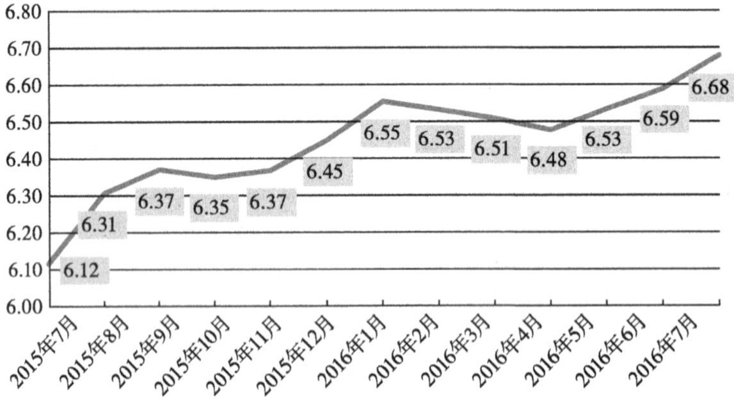

图 4－2　“8·11”汇改后初期人民币兑美元汇率走势

资料来源：Wind。将日度数据取平均值计算得出。

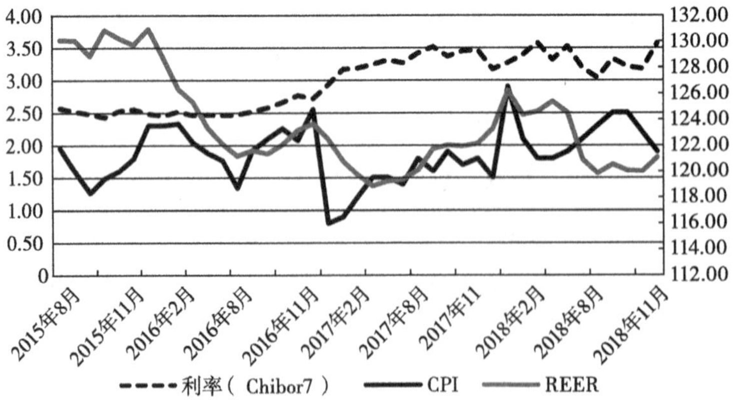

图 4－3　2015 年 8 月至 2018 年 12 月的人民币汇率、通胀和利率走势

注：左轴代表 CPI 和利率，右轴代表汇率。其中汇率图形下降代表汇率贬值，图形上升代表汇率升值。

资料来源：Wind。其中，CPI 为月度同比数据，利率为 Chibor 7 天月度加权平均利率，汇率为人民币实际有效汇率（REER）。

二、中国汇率与利率波动的统计描述

鉴于中国的货币政策正在从过去比较偏重数量型的货币政策调控，逐渐转向更加注重价格调控的货币政策体系，此处用 Chibor 数据作为利率的代理变量，简单考察利率与汇率的变动情况。其中，利率变量采用市场化较高的 Chibor 7 天期利率，人民币汇率变量使用人民币实际有效汇率（REER）作为人民币汇率的代理变量，由于其采用的是间接标价法，因此 REER 数值增大表示人民币升值，数值减少表示人民币贬值，数据来自国际清算银行数据库。汇率和利率的原始序列如图 4－4 所示，将利率和汇率变量的原始数据通过 X－12 方法进行季节调整以消除季节变动，然后对利率进行一阶差分、对汇率进行对数差分得到利率和人民币汇率的变化率，见图 4－5。

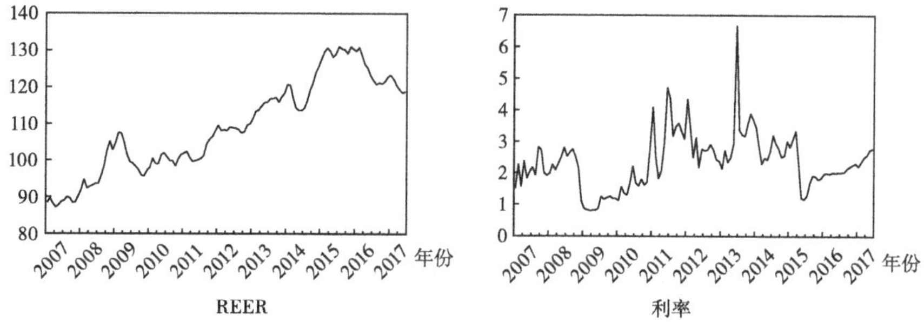

图 4－4　汇率和利率的原始序列

2007 年 1 月至 2017 年 6 月人民币实际有效汇率变动率与利率变动率的描述统计指标见表 4－2。偏度是用来衡量随机变量的概率分布是否围绕其均值对称。偏度为正说明概率分布的上尾部比下尾部密集，分布为右偏，反之为左偏。偏度的绝对值越小，说明观测值的分布越接近正态分布。从表 4－2 中可以发现，人民币汇率变动率为右偏分布，而利率变动率为左偏分布。峰度用来衡量数据相对于正态分布的凸起状况。正态分布的峰度值是 3，如果分布的峰度值大于 3，则说明其凸起

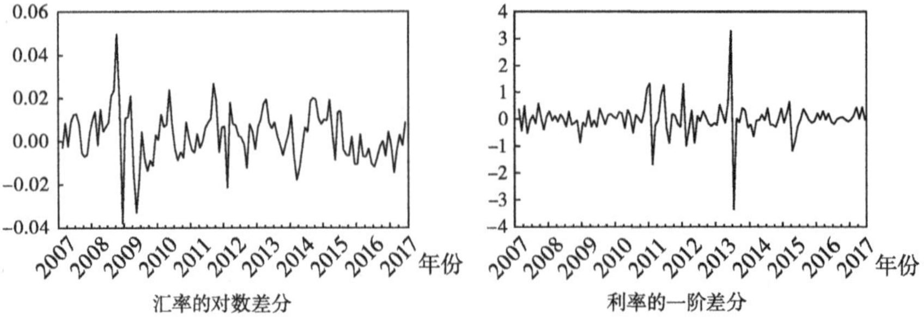

图 4－5　汇率和利率的变化率

状况要大于正态分布，表现为尾部比正态分布的尾部厚。从表 4－2 可以发现，两个变量的峰度均大于3，说明各个变量表现出典型的“尖峰厚尾”的特点。

表 4－2　2007 年 1 月至 2017 年 6 月人民币汇率和利率的描述统计指标

观测值	汇率变动率	利率变动率
观测值	126	126
均值	0. 0026	0. 0085
中位数	0. 0036	－0. 0067
最大值	0. 0500	3. 3144
最小值	－0. 0381	－3. 3766
标准差	0. 0119	0. 6089
偏度	0. 0387	－0. 1354
峰度	5. 0450	16. 4034
JB 统计量	21. 8116	936. 0600
p 值	0. 0000	0. 0000

从以上分析可以看出，人民币实际有效汇率在 2007 年 1 月至 2017 年 6 月的波动幅度在 5% 以内，其浮动标准差为 0. 0119，均值为 0. 0026，中位数为 0. 0036。这反映了自 2005 年“8 · 11”汇改以来，人民币实行“有管理的浮动汇率制”特点，但是波动幅度不大。2007 年以来，人民币汇率实现了双向浮动，总体而言，人民币汇率处于升值趋势，但是经历了两次大的贬值过程，一次是在金融危机时期，另一次

是在2015年“8·11”汇改之后。另外，人民币汇率波动的变化率有逐渐减小的趋势，尤其是在2015年之后，其波动幅度变小。在同一样本期间，中国利率的波动幅度在3.3144和-3.3766之间，波动标准差为0.6089，均值为正数，而中位数为负数，说明利率的运行轨迹以下调为主。利率变化的最大值和最小值出现在2013年6月和7月这两个相邻月份，与此同时，汇率并无对应极端表现。汇率变化在金融危机期间波动剧烈，而利率在此间的波动表现温和。

上述中国的汇率和利率数据与其他发展中国家的情况也存在区别。在Mohanty和Klau（2004）测算的发展中国家面板数据中，各国REER对数一阶差分的标准差均远远大于中国的0.0119。其中，巴西REER对数差分标准差最大，为10.0；印度数据值最小，为2.4。这或许反映了中国的汇率制度与其他发展中国家的不同。中国汇率市场化改革的目标是建立有管理的浮动汇率制度。其中，“浮动汇率制度”是指外汇市场供求关系决定价格；“有管理”主要包括对人民币汇率日浮动区间的管理，对人民币汇率中间价形成机制的管理。管涛（2017）认为，人民币汇率的波动性有限，可以将汇率看作货币政策的一个名义锚。而上述发展中国家大部分实行的是浮动汇率制，虽然会有“害怕浮动”现象的出现，但汇率形成的机制是比较灵活的。

三、建立方程与模型构建

为了与第三章的实证思路保持一致，我们首先检验自2005年汇改以来至2018年第四季度的利率平滑的泰勒规则，其次将汇率变量添加其中，最后是对同时考虑前瞻和汇率的利率平滑泰勒规则扩展形式的估计。

（一）考虑利率平滑的泰勒规则

标准泰勒规则方程见式（4－3）：

$$i_t^* = r^* + \pi_t + \beta(\pi_t - \pi^*) + \gamma y_t \tag{4-3}$$

其中，i_t^* 为短期名义目标利率，r^* 为均衡实际利率，β 和 γ 分别为通胀及产出缺口反应系数，π_t 为季度 t 与前三个季度的平均通货膨胀率，y_t 为产出缺口，代表的是实际产出与潜在产出之差。对于标准泰勒规则的理解，要注意通胀及产出缺口系数的大小，如前所述，β 和 γ 都应是大于零的正数，才能保证泰勒规则是稳定的。

利率平滑公式见式（4－4）：

$$i_t = \rho i_{t-1} + (1-\rho) i_t^* \tag{4-4}$$

将式（4－3）与式（4－4）合并得到：

$$i_t = (1-\rho)[r^* + \pi_t + \beta(\pi_t - \pi^*) + \gamma y_t] + \rho i_{t-1} \tag{4-5}$$

令 $\delta_0 = (1-\rho)(r^* - \beta\pi^*)$，$\delta_1 = (1-\rho)(1+\beta)$，$\delta_2 = (1-\rho)\gamma$，则本节第一个实证方程为：

$$i_t = \delta_0 + \delta_1 \pi_t + \delta_2 y_t + \rho i_{t-1} \tag{4-6}$$

（二）考虑汇率反应的利率平滑泰勒规则扩展形式

在式（4－3）中添加汇率变量，得到式（4－7）：

$$i_t^* = r^* + \pi_t + \beta(\pi_t - \pi^*) + \gamma y_t + \varphi_1 \Delta xr_t + \varphi_2 \Delta xr_{t-1} \tag{4-7}$$

其中，i_t^* 代表短期名义目标利率，r^* 为均衡实际利率，π_t 代表通胀率，y_t 是产出缺口，xr_t 是实际有效汇率水平的对数（该值增加代表升值，反之则代表贬值），Δ 代表一阶差分算子。添加汇率滞后项 xr_{t-1} 是根据式（4－1）中的解释：汇率滞后项代表的是汇率长期变化，体现了汇率持续性和动态变化。将式（4－7）与式（4－4）合并，得到考虑汇率反应的利率平滑泰勒规则扩展形式：

$$i_t = (1-\rho)[r^* + \pi_t + \beta(\pi_t - \pi^*) + \gamma y_t + \varphi_1 \Delta xr_t + \varphi_2 \Delta xr_{t-1}] + \rho i_{t-1}$$

(4-8)

将式（4-8）改写成式（4-9）：

$$i_t = (1-\rho)[(r^* - \beta\pi^*) + (1+\beta)\pi_t + \gamma y_t + \varphi_1 \Delta xr_t + \varphi_2 \Delta xr_{t-1}] + \rho i_{t-1} \quad (4-9)$$

令 $\delta_0 = (1-\rho)(r^* - \beta\pi^*)$，$\delta_1 = (1-\rho)(1+\beta)$，$\delta_2 = (1-\rho)\gamma$，$\delta_3 = (1-\rho)\varphi_1$，$\delta_4 = (1-\rho)\varphi_2$，则式（4-9）可以简化为：

$$i_t = \delta_0 + \delta_1 \pi_t + \delta_2 y_t + \delta_3 \Delta xr_t + \delta_4 \Delta xr_{t-1} + \rho i_{t-1} \quad (4-10)$$

式（4-10）为本节的第二个实证方程，它与 Mohanty 和 Klau（2004）提出的方程一致。方程中各系数的符号理论意义为：δ_0，δ_2，$\rho > 0$；$\delta_1/(1-\rho) > 1$，$\delta_3 < 0$；$\delta_4 <> 0$。根据 Obstfeld 和 Rogoff（1999），汇率变化与同期利率变化呈反方向关系，如由于汇率升值对总需求有紧缩影响，即升值使外国商品更便宜，国内商品更贵，净出口与总产出减少，因此需要降低利率来对抗这一产出紧缩的影响；同理，当汇率贬值时利率升高，因此 $\delta_3 < 0$。而滞后期汇率变化对利率的反应既可以是负也可以是正，其中，对系数为正的解释是汇率的回调，如中央银行可能会在当期提高利率以应对汇率贬值，但是由于汇率还会回调，不会对中央银行的通胀预期产生影响，在下一阶段将会降低利率。

（三）同时考虑前瞻和汇率的利率平滑泰勒规则扩展形式

根据 Clarida，Gali 和 Gertler（2000）的研究，令 $r = r^* + \pi^*$，同时考虑前瞻情况，我们可以将式（4-3）改写成式（4-11）的形式：

$$i_t^* = r + \varphi_\pi (E\pi_{t+1} - \pi^*) + \varphi_y E y_{t+1} \quad (4-11)$$

式（4-11）表示名义政策目标利率是预期通胀及预期产出与它们各自目标水平之间缺口的函数，π_{t+1} 表示从 t 期到 $t+1$ 期价格水平的百分比变化，π^* 是通胀目标，y_{t+1} 是从 t 期到 $t+1$ 期的产出缺口，E 是期望算子。r 是当通胀和产出都等于其各自目标水平时的合意名义利率

（名义均衡利率），即：

$$r = r^* + \pi^* \tag{4-12}$$

由于（4-11）是用名义变量表示的利率规则，为了说明前瞻性泰勒规则达到稳定性的要求，我们将其变换成用实际变量表示的形式。将名义目标利率 i_t^* 表示为政策目标利率的实际变量（ i_{rt}^* ）的形式：

$$i_{rt}^* = i_t^* - E\pi_{t+1} \tag{4-13}$$

将式（4-13）、式（4-12）代入式（4-11）中，可以得到隐含的实际利率规则：

$$i_{rt}^* = r^* + (\varphi_\pi - 1)(E\pi_{t+1} - \pi^*) + \varphi_y E y_{t+1} \tag{4-14}$$

式（4-14）背后的经济思想就是维克塞尔的均衡实际利率思想，它表示实际政策目标利率 i_{rt}^* 对预期通胀缺口和预期产出缺口的反应取决于两个条件，即 φ_π 是否大于1以及 φ_y 是否是正数。降低实际利率若要达到刺激经济活动的目的，利率规则须满足 $\varphi_\pi > 1$ 的条件，这样利率规则才是稳定的政策规则；若 $\varphi_\pi \leqslant 1$ ，则货币政策规则是不稳定的，至少说明其对经济冲击的反应是适应性的；系数 φ_y 的符号意义同上，若 $\varphi_y > 0$ ，则利率规则是稳定的，反之则不稳定。

将式（4-12）代入式（4-11），可得：

$$i_t^* = r^* + \pi^* + \varphi_\pi(E\pi_{t+1} - \pi^*) + \varphi_y E y_{t+1} \tag{4-15}$$

整理可得：

$$i_t^* = r^* - (\varphi_\pi - 1)\pi^* + \varphi_\pi E\pi_{t+1} + \varphi_y E y_{t+1} \tag{4-16}$$

此时再将汇率因素添加进来。根据张屹山、张代强（2007）对泰勒规则扩展式中当期自变量（通胀当期项与货币量当期项）在前瞻模型中的处理方法，以及 Bernanke 和 Gertler（1999）对资产价格在相同情况下的处理做法，本书将两个汇率项分别滞后一期：

$$i_t^* = r^* - (\varphi_\pi - 1)\pi^* + \varphi_\pi E\pi_{t+1} + \varphi_y E y_{t+1} + \varphi_1 \Delta xr_{t-1} + \varphi_2 \Delta xr_{t-2} \tag{4-17}$$

将式（4－17）代入利率平滑公式，并去掉不可观测的预期项，可得：

$$i_t = (1-\rho)[r^* - (\varphi_\pi - 1)\pi^* + \varphi_\pi \pi_{t+1} + \varphi_y y_{t+1} + \varphi_1 \Delta xr_{t-1} + \varphi_2 \Delta xr_{t-2}] + \rho i_{t-1} + \varepsilon_t \quad (4-18)$$

其中，误差项 $\varepsilon_t \equiv -(1-\rho)[\varphi_\pi(\pi_{t+1} - E\pi_{t+1}) + \varphi_y(y_{t+1} - Ey_{t+1})]$，中括号里是预测误差线性组合，与 t 期的信息集正交。将式（4－18）进一步简化，可得：

$$i_t = (1-\rho)[r^* - (\varphi_\pi - 1)\pi^*] + \varphi_\pi(1-\rho)\pi_{t+1} + \varphi_y(1-\rho)y_{t+1} + \varphi_1(1-\rho)\Delta xr_{t-1} + \varphi_2(1-\rho)\Delta xr_{t-2} + \rho i_{t-1} + \varepsilon_t \quad (4-19)$$

令 $\delta_0 = (1-\rho)[r^* - (\varphi_\pi - 1)\pi^*]$，$\delta_1 = \varphi_\pi(1-\rho)$，$\delta_2 = \varphi_y(1-\rho)$，$\delta_3 = \varphi_1(1-\rho)$，$\delta_4 = \varphi_2(1-\rho)$，则式（4－19）可以简化为：

$$i_t = \delta_0 + \delta_1 \pi_{t+1} + \delta_2 y_{t+1} + \delta_3 \Delta xr_{t-1} + \delta_4 \Delta xr_{t-2} + \rho i_{t-1} \quad (4-20)$$

式（4－20）为本节第三个实证方程。

四、相关变量及数据选取

本节选取样本为2005年第三季度至2018年第四季度的数据。之所以选择以2005年第三季度为研究起点，是因为2005年7月21日，中国对之前实行的钉住美元的固定汇率制进行了改革，取消人民币与美元直接挂钩，开始实行以市场供求为基础、参考一篮子货币进行调节、有管理的浮动汇率制，建立起更加灵活的人民币汇率机制。自此，人民币兑美元汇率（名义和有效）开始升值。人民币汇率的趋势开始从单方面升值转为双向浮动。

利率、通货膨胀率以及产出缺口的指标选取及计算方式同第三章，即利率采取Chibor 7天数据进行季度加权（见图4－6），通货膨胀率采取CPI数据（见图4－7），产出缺口的计算方法是采取HP滤波方法得出潜在产出，在此基础上计算产出缺口（见图4－8），数据均来自

Wind。汇率原始数据来自国际清算银行，然后依据 Mohanty 和 Klau （2004）的做法，将其对数差分（见图4－9、图4－10）。

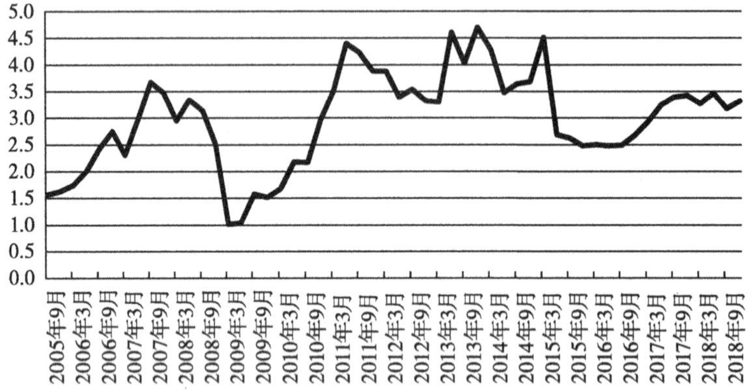

图4－6　2005 年第三季度至 2018 年第四季度季度名义利率

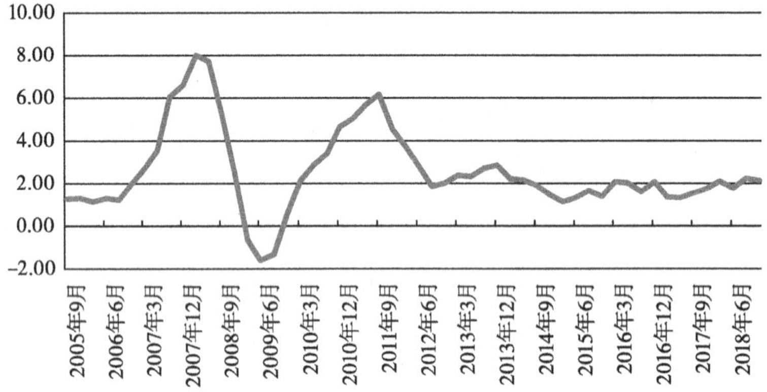

图4－7　2005 年第三季度至 2018 年第四季度季度通货膨胀率

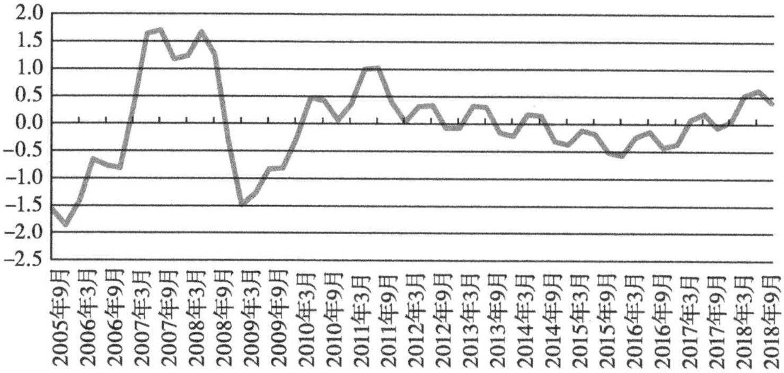

图 4－8　2005 年第三季度至 2018 年第四季度季度产出缺口

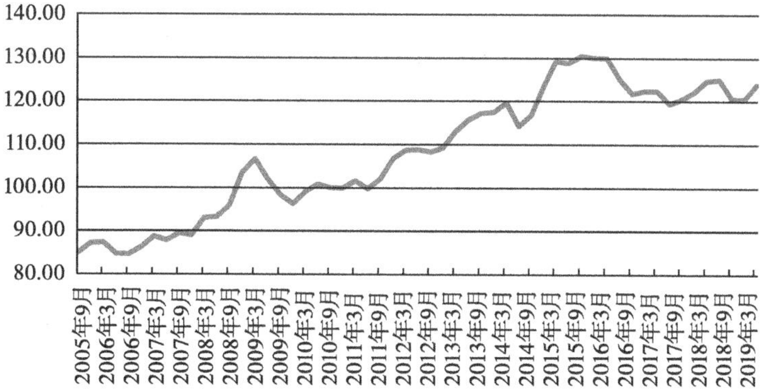

图 4－9　2005 年第三季度至 2018 年第四季度季度汇率数据

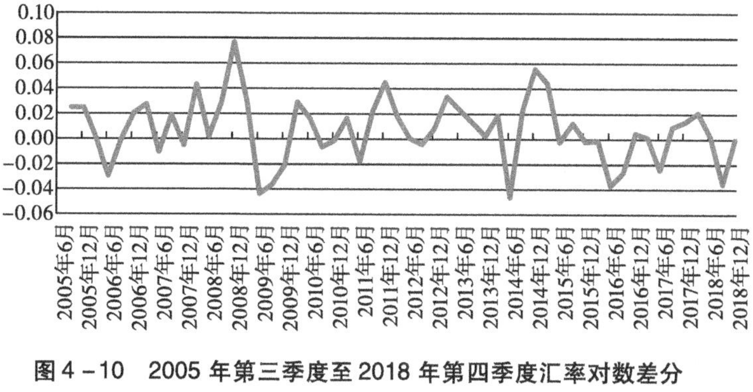

图 4－10　2005 年第三季度至 2018 年第四季度汇率对数差分

五、实证分析

（一）ADF 平稳性检验

首先对样本数据进行 ADF 单位根检验，以避免出现“伪回归”现象。表 4-3 的检验结果显示，利率在 1% 的显著性水平下服从 I（1），通货膨胀和产出缺口在 5% 显著性水平下服从 I（0），而实际有效汇率在 1% 的显著性水平下服从 I（0），也是平稳序列。

表 4-3　ADF 单位根检验结果

变量	检验类型（c，t，x）	ADF 值	1% 临界值	5% 临界值	10% 临界值	P 值	结论
r	（c，0，0）	-2.53	-3.56	-2.92	-2.60	0.112	不平稳
D（*r*）	（0，0，0）	-7.52***	-2.61	-1.95	-1.61	0.000	平稳
CPI	（0，0，8）	-1.03**	-2.62	-1.95	-1.61	0.266	平稳
GDPG	（0，0，8）	-2.16**	-2.62	-1.95	-1.61	0.031	平稳
REER	（c，0，1）	-5.82***	-3.56	-2.92	-2.60	0.000	平稳

注：在（c，t，x）中，c 代表常数项，t 代表趋势值，x 代表滞后阶数。***表示 t 统计在 1% 临界水平下显著，**表示 t 统计在 5% 临界水平下显著。

（二）Johansen 检验

由于变量不全为平稳序列，须进一步确定各变量之间是否存在协整关系。协整分析的前提为 VAR 模型的干扰项是白噪声，而这能够通过选择适当的滞后期数（*p*）来实现。经过分析，我们确定最优滞后阶数为 3 期，即确定为 VAR（3）模型，见表 4-4。

表 4-4　最优滞后阶数的选择

Lag	Log*L*	*LR*	*FPE*	*AIC*	*SC*	*HQ*
1	2.204333	NA	2.02e-05	0.541007	1.147069	0.772601
2	35.89412	56.81023	1.02e-05	-0.152711	1.059415	0.310478
3	71.55897	54.54623*	4.84e-06*	-0.923881*	0.894308*	-0.229097*

注：*表示在 5% 显著性水平下拒绝原假设。

在此基础上，根据最优滞后阶数，我们进行 Johansen 检验。如果通过检验，证明泰勒规则内的各个变量之间的确存在协整关系，就能说明泰勒规则是成立的，并可进一步进行货币政策反应函数的分析。根据表 4－5 的 Johansen 检验结果，迹统计量大于 5% 显著水平下的临界值，拒绝原协整关系个数为零的原假设，存在三个显著的协整关系，表明本书采用的各变量间存在长期均衡关系，可以进行下一步的回归分析。

表 4－5　Johansen 检验结果

原假设协整关系个数	特征值	迹统计量	5% 临界值
0*	0.493071	77.30609	47.85613
至多 1 个*	0.397616	42.65745	29.79707
至多 2 个*	0.231363	16.80763	15.49471
至多 3 个	0.064267	3.387664	3.841466

注：* 表示在 5% 显著性水平下拒绝原假设。

（三）利率平滑的泰勒规则估计

我们首先对式（4－6）进行估计；其次逐步添加汇率和前瞻因素，并与之进行比较。需要说明的是，虽然第三章也对这一类型的泰勒规则式（3－7）进行了估计，但是由于与本章的样本区间不一致，其估计结果无法与添加汇率和前瞻因素的实证结果进行有效对比，故需要重新估计。令 $\delta_0 = (1-\rho)(r^* - \beta\pi^*)$，$\delta_1 = (1-\rho)(1+\beta)$，$\delta_2 = (1-\rho)\gamma$，可得：

$$i_t = \delta_0 + \delta_1 \pi_t + \delta_2 y_t + \rho i_{t-1} \qquad (4-6)$$

估计结果如下（具体结果见附录 4）：

$$i_t = 0.899 + 0.012\pi_t + 0.251 y_t + 0.695 i_{t-1} \qquad (4-21)$$

$$(0.290) \qquad (0.058) \qquad (0.153) \qquad (0.083)$$

$$R^2 = 0.701 \qquad DW = 1.941$$

估计结果显示，通胀系数和产出系数均不具备统计显著性；利率平滑系数为0.695，说明中国中央政策确实存在较明显的主动、部分调整利率的行为。

（四）对汇率反应的利率平滑泰勒规则

根据式（4-10），我们接下来考虑利率平滑的泰勒规则有没有对汇率进行反应。如前所述，式（4-10）表示为：

$$i_t = \delta_0 + \delta_1 \pi_t + \delta_2 y_t + \delta_3 \Delta xr_t + \delta_4 \Delta xr_{t-1} + \rho i_{t-1} \quad (4-10)$$

其中，$\delta_0 = (1-\rho)(r^* - \beta\pi^*)$，$\delta_1 = (1-\rho)(1+\beta)$，$\delta_2 = (1-\rho)\gamma$，$\delta_3 = (1-\rho)\varphi_1$，$\delta_4 = (1-\rho)\varphi_2$。估计结果如下：

$$i_t = 0.874 + 0.009\pi_t + 0.253 y_t + 1.138\Delta xr_t - 3.193\Delta xr_{t-1} + 0.71 i_{t-1} \quad (4-22)$$

(0.317) (0.063)　(0.164)　(3.060)　(2.816)　(0.090)

$R^2 = 0.697$　　DW = 2.023

上述结果表明，汇率当期项的符号为正，不符合经济学意义；通胀反应系数为0.24，由此推算出来标准泰勒规则通胀系数β为负值，不符合泰勒定理。另外，通胀反应系数、产出缺口反应系数、两个汇率项的反应系数均不显著。唯有利率平滑系数显著，且在数值上较式（4-21）的系数有所提高①。上述结果与Mohanty和Klau（2004）对EME国家的估计结果有很大差别：尽管估计方程相同，但在后者的研究中，作者得出的结论是“简单规则可以很好地解释新兴经济体的利率设定行为”②。唯一与Mohanty和Klau（2004）估计结果相似的是，其得出的EME利率平滑系数较大，平均值为0.6（智利和菲律宾的低数值拉低了

① 笔者还采用其他五种因变量利率指标对式(4-10)进行了估计，其结果与式(4-22)相似，即中国的货币政策均不对汇率反应。详见附录4。

② Mohanty, Madhusudan, Marc Klau. Monetary Policy Rules in Emerging Market Economies: Issues and Evidence[R]. BIS Working Paper, No. 149, 2004:10.

平均值)，而式（4－22）得出中国的利率平滑系数为0.71，不仅两者数值相近，而且符合第三章和本章之前的研究结论。

（五）同时考虑汇率因素和前瞻因素的利率平滑泰勒规则

对式（4－20）进行GMM估计，得到：

$$i_t = \delta_0 + \delta_1 \pi_{t+1} + \delta_2 y_{t+1} + \delta_3 \Delta xr_{t-1} + \delta_4 \Delta xr_{t-2} + \rho i_{t-1} \quad (4-20)$$

其中，$\delta_0 = (1-\rho)[r^* - (\varphi_\pi - 1)\pi^*]$，$\delta_1 = \varphi_\pi(1-\rho)$，$\delta_2 = \varphi_y(1-\rho)$，$\delta_3 = \varphi_1(1-\rho)$，$\delta_4 = \varphi_2(1-\rho)$。实证结果如下：

$$i_t = 0.607 - 0.057\pi_{t+1} + 0.512 y_{t+1} - 8.501\Delta xr_{t-1} + 3.505\Delta xr_{t-2} + 0.851 i_{t-1} \quad (4-23)$$

(0.168) (0.031) (0.089) (1.749) (1.617) (0.044)

$R^2 = 0.621$　　DW = 2.336

从式（4－23）的估计结果来看。第一，前瞻性泰勒规则很好地解释了中国货币政策行为，将其与式（4－21）、式（4－22）相比，各项系数均统计显著。第二，中国的前瞻性货币政策规则对汇率进行了明显反应。根据前文介绍，汇率当期项系数（δ_3）为负意味着中央银行通过提高利率在汇率贬值时的“逆风向行事”，而汇率滞后项系数（δ_4）既可为正也可为负。若既显著又为正，说明汇率的均值回归，中央银行接下来进行利率的相反方向设置；若系数为负且统计显著，则说明汇率冲击的持续性。Ball（1999）、Svensson（2000）以及Taylor（1999b，2001）的实证研究则证明了$\delta_3 < 0$，且$\delta_3 + \delta_4 \leqslant 0$。根据式（4－23）中汇率系数符号与数值大小可以判断中国的货币政策对汇率进行了明显反应：利率对汇率当期的反应强烈，而对汇率滞后期的反应则较小，利率对汇率的长期反应倾向于反方向运动，即汇率升值时降低利率，汇率贬值时提高利率。第三，通胀反应系数为负，由此可以推算出φ_π也为负。根据式（4－14），泰勒规则隐含的实际利率规则要求只有当$\varphi_\pi >$

1 时，泰勒规则才是稳定的货币政策规则，即只有当实际利率变化程度大于预期通胀缺口变化程度时，货币政策才能很好地控制通货膨胀变化。因此，式（4－23）是一个不稳定的货币政策规则。第四，式（4－23）中的产出缺口系数为 0.512，由此推算出标准泰勒规则产出系数 φ_y 为 3.45，这一数值不仅为正，而且较大，反映出中国货币政策对产出与经济增长的重视程度。第五，利率平滑系数为 0.85，是上述三个实证模型中系数最高者。

第三节　小结

有关“利率是否对汇率反应”的问题，发达国家与发展中国家的回答并不一样。中国作为最大的发展中国家，是否与其他发展中国家一样对汇率进行反应了呢?

首先，中国同其他发展中国家一样，利率对汇率进行了直接反应，这一实证结论与发达国家货币政策对汇率进行间接反应的结论不同。具体而言，本章先对仅包含利率平滑的泰勒规则进行了汇率反应的验证，发现其不能很好地刻画中国货币政策对汇率的反应。汇率当期项系数的符号为正且不显著，明显不符合经济学意义，虽然汇率滞后项符号为负，说明汇率冲击具有持续性，但该系数统计并不显著。与此同时，通胀反应系数为 0.24，由此推算出来标准泰勒规则通胀系数 β 为负值，不符合泰勒定理。除此之外，通胀系数与产出系数均不显著。上述结论与 Mohanty 和 Klau（2004）对 EME 国家的估计结果有很大差别：尽管估计方程相同，但在后者的研究中，作者得出的结论是“简单规则可以很好地解释新兴经济体的利率设定行为”。因此，中国与其他发展中国家（经济体）在货币政策反应函数的形式上并不完全一致。继而，本章对前瞻性泰勒规则进行了验证，发现同时考虑前瞻和利率平滑两因素的方程能较好地刻画中国货币政策对汇率的反应。在中国货币政策反应函数中加入前瞻因素之后，各变量的显著性明显提升，系数符号也符合经济学意义。根据汇率反应系数的符号与数值大小可以判断，中国的货币政策对汇率进行了明显反应，即短期反应为汇率升值（贬值）则利率降低（提高），长期来看虽然会有利率回调（汇率滞后项系数为正）情况，但利率对汇率的总反应仍为负。

其次，中国货币政策虽然对汇率反应，但在稳定通胀方面表现并不良好。加入汇率项后的泰勒规则，其通胀系数为负，推算出的 φ_π 也为负。根据泰勒规则隐含的实际利率规则要求，只有当 $\varphi_\pi > 1$ 时，泰勒规则才是稳定的货币政策规则。因此，虽然中国货币政策对汇率进行了正确反应，但是通胀上升会导致利率下降，换言之，利率的调整并不能有效控制通货膨胀，这与前文对中国“汇率—通胀—利率典型事实”的分析也一致。

最后，式（4－23）的前瞻性泰勒规则还说明两个问题，表明中国的货币政策对产出变化及利率平滑行为的反应比较明显。这一结论与第三章的研究结论一致，进一步说明中国对保证经济增长的重视程度，以及对利率调整的渐进特征。

第五章
资产价格波动与货币政策反应

第一节　文献综述

一、问题的提出

在防止或减轻因资产价格剧烈波动而造成的实体经济波动这一问题上，货币政策应该起什么作用？或者进一步说，货币政策是否需要对资产价格反应以锚定其波动？对这一问题的探讨并不是新近才有的。

20 世纪 80 年代末，在目睹了日本房地产和股票泡沫破灭、全球股市持续繁荣和大幅上涨后，1996 年 12 月 5 日，时任美联储主席的格林斯潘发表了著名的以“非理性繁荣”为主题的演讲，表达了其对资产价格不可持续上涨的担忧。当时，标普 500 指数的涨幅已经在之前两年的时间里超过了 60%，达到了 40 年来的最高水平（然而，他的警告并没有阻止标普 500 指数连续 5 年的反弹）。事实上，许多经济学家将 1990 年美国经济衰退的部分原因也归结为商业房地产价格的下跌，认为这削弱了银行的资本头寸和企业借款人的资产负债。在随后爆发的亚洲金融危机、拉丁美洲债务危机以及日本股票和土地价格持续停滞的事件中，我们都能看到资产价格波动对一国宏观经济的重大影响。

事实上，各国中央银行密切关注资产价格的发展，有时也会采取行动应对这些发展。格林斯潘“非理性繁荣”演讲的结论是，资产价格上涨对家庭财富的影响，导致美国需求增长超过了潜在的供给增长，因此通胀风险增加，而这正是美联储最关心的事情。由此可以看出，作为美联储主席，其代表的美国货币政策决策层的主流观点是，在资产价格暴涨的情况下，如何进行适当的货币政策反应。鉴于 20 世纪 80 年代末以来，世界主要央行在控制通货膨胀方面取得了较大的成功，虽然现在就认为通胀已不再是一个需要重点关注的问题还为时过早，但可以想象，自 20 世纪 90 年代起，各国央行已经做好在金融稳定战场上战斗的准备了。

只是，这个“战斗”是应该直接打击目标（对资产价格进行反应），还是间接打击目标（通过对通胀反应进而稳定资产价格），当时在实务层面和学界并未达成一致。当时的主流观点（以格林斯潘和后来的伯南克为代表）认为，由于无法判断资产价格变动是否由经济基本面导致，因此不择时机地、盲目地对资产价格进行反应反而会有使经济陷入衰退的风险；而中央银行通过关注资产价格变动产生的通货膨胀或通货紧缩压力，可以有效地应对资产暴涨和暴跌的“副作用”。受伯南克“金融加速器”理论导出的政策含义影响，美联储在资产价格上“按兵不动”，而欧洲央行则在这一问题的讨论中更加强调货币数量的作用。

进入 21 世纪以来，一系列新情况再次将资产价格波动问题摆到了人们面前。首先，由于大缓和时期全球主要发达国家经济发展平稳，并且在世纪初以利率低位运行，造成了充裕的流动性；其次，资产价格膨胀与持续的低通货膨胀并存。1997—2007 年，OECD 国家流通中的货币与国内生产总值之比上升了 1/3，流动性的充裕带来了股票价格与房地产价格暴涨，但是通货膨胀率以略低于 2% 的水平继续保持平稳趋势。

这表明，流动性的增加没有推升商品服务的价格上涨，而是转向推动了资产价格的上涨。2007 年产生于美国的次贷危机迅速将本应只是行业危机的问题传导到了整个经济层面。这些促使人们反思：控制通货膨胀就一定能够实现经济稳定吗？中央银行是否应该把资产价格也当作货币政策的重要决策变量呢？资产价格问题再一次成为人们讨论的热点。

这一次，人们已经能够清醒地认识到：货币政策本身不足以遏制资产价格暴涨和暴跌的潜在破坏性影响；精心设计和透明的法律和会计体系、健全的金融监管有助于限制银行与企业的风险敞口；审慎的财政政策有助于增强公众对经济基本面的信心，这些都是使经济不受金融动荡影响的重要组成部分。对危机原因的追溯，更使人们开始考虑货币政策调整程度上的不足（根本不反应或过度反应）使得资产价格波动带给经济持续性损害的可能性①，而这正是我们关注货币政策的意义所在。

二、国外文献综述

早期文献如 Alchian 和 Benjamin Klein（1973）对资产价格与一般价格水平的关系进行了初步探讨，而关于“货币政策与资产价格”关系的理论探讨则是从 20 世纪末开始的。对这一问题所持的立场可以清楚地划分为两大阵营：反对派与支持派。

（一）反对货币政策对资产价格做出反应

Bernanke 和 Gertler（1999，2001）提出“金融加速器”理论，即一个扩大了外生冲击效应的机制，将之运用到财富渠道和资产负债表渠道，从资产价格对总需求的短期影响和对总供给的长期影响上入手建模，发现中央银行不必对资产价格进行反应，而只需对预期通胀积极反

① 如 Kahn(2010)、Ahrend(2010)提出货币政策“偏离”行为导致金融失衡。

应就能避免资产价格波动从而有效稳定经济。

在一个资本市场效率高且没有监管扭曲的理想世界，资产价格的变动仅仅反映了经济基本面的变化。在这种情况下，中央银行没有理由担心资产价格本身的波动性。资产价格只有在它们提供有关经济状况的有用信息的范围内才有意义。但是，如果满足以下两个条件，情况就会发生变化：一是“非基本面”因素构成资产市场波动的基础。二是与基本因素无关的资产价格变化可能对经济其他方面产生重大影响。如果这两个条件得到满足，那么资产价格波动在某种程度上就会成为经济不稳定的独立来源，决策者应该关注资产价格的波动。

决策者关注资产价格波动的第一个必要条件是，资产价格的波动由“非基本面”因素造成。“非基本面”因素主要来源于监管缺位以及投资者的不完全理性。20 世纪 80 年代兴起的金融自由化使企业和家庭获得了更多的信贷机会，与此同时，日本、荷兰、英国和其他地方的资产价格暴涨，国际资本大量流入发展中国家（Borio，Kennedy and Prowse，1994），在这种情况下，过度的风险承担和投机随之而来，不健全的财务状况也会暴露出来。金融改革的同时，人们渐渐淡漠了对安全监管的重视，亚洲金融危机和拉丁美洲债务危机即是明证；投资者的不完全理性则来自从众行为、过度乐观或短期主义，这种非理性贡献了大量的金融泡沫，造成了金融市场的“非理性繁荣”。决策者关注资产价格的第二个必要条件是，这种“非基本面”因素造成的资产价格波动进而对实体经济产生了影响。资产市场的繁荣和萧条对实体经济具有重要影响，其中，资产负债表渠道是重要的影响机制之一。金融市场广泛存在的金融摩擦，会导致在资产价格暴跌时，恶化的资产负债表和减少的信贷流对支出和总需求产生“放大”的负效应，即“金融加速器”效应[①]，这种短期效应再加上抑制资本积累对总供给的长期影响，就会造成实体经济不稳定。

在上述情况下，货币政策应该充当什么样的角色？Bernanke 和 Gertler（1999）通过扩展的 BGG 模型模拟了资产价格泡沫和相关冲击（如创新对风险扩散的影响）对经济的影响，目的是探索哪种政策规则最能缓和资产市场动荡带来的破坏性影响。结果发现，关注稳定通胀的政策规则效果好于关注股票价格的政策规则，而且这一结果在不同情况下相当稳健。因此，他们认为，对股票价格变动的反应只有在包含预期通胀信息的范围内才有必要。

Bullard 和 Schaling（2002）也不同意对资产价格的事前控制。他们发现，在泰勒规则中添加股票价格变量，同时保持其他因素不变，得出的结果不仅不会改善经济绩效，可能还会对经济造成损害。他们的逻辑是：泰勒规则是通过控制短期名义利率来尽量减少经济的短期周期性波动（主要体现在通胀和产出）。虽然在泰勒规则中添加资产价格——如股票价格，或许可以利用利率对这一资产价格的影响来帮助控制或“锚定”其他资产价格，但是，由于金融市场的套利行为普遍存在，短期名义利率的任何变动实际上都会增加其他资产价格的波动性，而这又会进一步影响通胀和产出的稳定性。因此，就会造成泰勒规则添加资产价格的良好愿景与利率频繁调整——通胀和产出波动加剧的恶性循环之间的冲突。

Gruen 等（2003）认为，利率变化需要经过长期、可变的时滞才能影响到实际产出，但是由于资产价格具有前瞻性，因此，利率变化会立

---

① “金融加速器”这一名词的提出最早见于 Bernanke，Gertler 和 Gilchrist（1996），尽管 Bernanke 和 Gertler（1989）已经将其模型的初始形式提出。

即刺破资产价格的泡沫。由于负的财富效应，资产价格泡沫的终结往往会导致产出下滑，因此，这时又需要较低而不是较高的利率，中央银行干预资产价格的最优时机应该是在资产价格达到峰值之前。但是对中央银行来说，猜测资产价格走势是困难的。结果就是，中央银行如果以资产价格为目标，在它们最终决定进行干预时，就要冒着使经济陷入衰退的风险——这正是日本银行在20世纪90年代初期所经历的。

一些强调资产价格泡沫是由信贷引致的中央银行官员，如美联储官员 Mishikin（2008）也认为，不应该让货币政策来刺破可能的资产价格泡沫，减少这类泡沫发生的频率应该是监管政策制定者的职责。

（二）支持货币政策对资产价格做出反应

Cecchetti 等（2000）使用与 Bernanke 和 Gertler（1999）相似的方法进行了模拟，却得出相反的结论：中央银行可以从货币政策对资产价格做出反应这一假设中获益。Bernanke 和 Gertler（2001）对这一看法的解释是，Cecchetti 等（2000）的观点不能很好地解释随机产生的资产价格泡沫影响，因为他们的结论建立在关于美联储的两个确定性假设之上：一是中央银行能够确切知道股票市场的泡沫是由非经济基本面的因素引起的；二是中央银行能精确地判断出股市泡沫何时会破灭。但现实证明，美联储在预测市场走势方面并没有出众的能力，因此 Cecchetti 等（2000）的结论未必站得住脚。

Rigobon 和 Sack（2001）认为，利率与资产价格的变化几乎总是同步进行，因此存在内生性问题，而采取异方差方法可以很好地辨别出利率对资产价格变动的反应。他们的主要发现是，当标准普尔 500 指数上涨 5% 时，联邦基金利率增加 25 个基点的概率将提高大约 50%，股票价格下降的结果是对称的。根据这些结果，如果预期联邦基金利率提高 25 个基点的概率为 20%，而标准普尔 500 指数意外地增加了 5%，那么加息的概率将上升到70%。从这一实证结果来看，美联储对股市估值的变动做出了一些积极的反应。

除此之外，Shiratsuka（1999）也支持货币政策对资产价格做出反应。他从日本泡沫经济破灭的历史出发，认为中央银行应该在潜在通胀压力上升时就对资产泡沫做出反应，因为这样做的收益要大于泡沫形成后采取措施的收益。究竟货币政策应该在什么时候对资产价格反应，这一问题其实等同于资产价格泡沫发展到什么程度是对经济有害的，需要货币政策来逆周期应对。对此，Filardo（2000）进行了基础性研究。他认为有些资产泡沫对经济是有益的，比如可以通过财富效应增加社会消费、通过资本成本效应增加投资、通过更多税收的政治经济效应增加政府支出；另外，他还发现，在许多国家，尽管资产价格上涨压力很大，但物价水平保持平稳，于是他认为这应该归因于资产泡沫可能潜在地降低了资本使用成本，并且由于刺激了潜在产出增长率，因此抵消了实际产出增加而带来的通货膨胀压力，因而通货膨胀始终处于较低的水平。在上述观点下，他进一步将资产价格划分为基本价格和泡沫价格两部分，基本价格是通货膨胀和产出缺口的函数，并基于此计算资产价格泡沫。Pariès和Notarpietro（2008）通过将房地产市场特征融入美国和欧洲经济区的动态随机一般均衡模型，检验房地产价格波动对货币政策有效性的影响。结果表明，若货币政策对房地产价格波动做出一定程度反应，可以提高模型的拟合度。

三、国内文献综述

随着中国资本市场的发展，资产价格调控以及利率政策制定也得到国内学者的关注。最初，中国学者是从资产价格是否应该包含融入通货膨胀指标的角度进行研究，如易纲、王昭（2002），郭田勇（2006），戴国强、张建华（2009）等，得出的主张较为一致，认为中央银行在实施货币政策时，应该关注资产价格。后来人们开始将泰勒规则（货币政策反应函数）纳入研究。李成、马文涛（2010）在 Rudebusch 和 Svensson（1999）的模型中引入了房地产价格、股票价格和汇率因素，以此为基础推导出最优货币政策反应函数。结果显示，该反应函数能够较好地刻画过去 10 多年间中国人民银行的货币政策，可以作为中国货币政策制定和执行的参考框架；泰勒规则既应保持其核心的通胀和产出变量，还应考虑添加资产价格和汇率变量。李涛、傅强（2011）通过实证研究发现，资产价格对市场利率产生正向影响，在央行的利率规则中加入资产价格可以提高货币政策的前瞻性。唐齐鸣、熊洁敏（2009）认为，前瞻性的泰勒规则可以添加资产价格变量，同时央行应加强对资产市场的监管，以此来降低资产价格的波动幅度，从而促进金融体系和实体经济的稳定。骆祚炎（2010）将房地产价格作为资产价格的代理变量，发现中国住房价格的环比增长率波动较大，一方面扰乱居民预期抑制消费，另一方面容易导致“负”的财富效应。因此，货币政策除了要钉住通货膨胀率目标外，对包括住房价格在内的资产价格也应该给予关注。陈怡、耿强（2012）将股票价格和房地产价格作为内生因素，建立扩展的泰勒规则模型，检验央行货币政策的利率反应函数，结果发现，长期以来中国货币政策对通胀反应不足，造成较长时间的负实际利率。央行应该明确将资产价格作为货币政策的内生影响因素，并加大对资产价格波动的反应权重，以促进实体经济更加协调发展。王国松（2014）基于价格黏性的研究视角，分别从货币数量模型与利率传导渠道阐述了货币政策为什么要关注股市波动以及如何对股市波动做出适度反应，并运用 OLS 法和 GMM 法对不同范式的泰勒规则在中国的适用性进行了实证检验。实证结果表明：在引入股市波动因素之后，利率平滑的泰勒规则和前瞻性利率平滑的泰勒规则在中国的拟合优度均得到提高。李青峻（2014）以房价和股价作为资产价格变量，将其纳入扩展的IS曲线和货币政策反应函数进行分析，并通过与原始模型进行比较分析来构建中国人民银行货币政策反应函数。检验结果分析表明，在中国，资产价格因素对产出有显著影响，其包含的有用信息能更好地提高对通货膨胀预期，纳入资产价格的货币政策反应函数也能更好地模拟中国的实际情况。潘锡泉、周锋（2015）研究认为，在央行“价格型”货币政策中介目标操作模式下，中国货币政策并不会对资产价格波动做出反应；相反，在“数量型”货币政策中介目标操作模式下，中国货币政策对资产价格波动却能够做出显著的反应。进一步，其在基于央行货币政策能够对资产价格波动做出显著反应的“数量型”操作模式下的研究中发现，房地产市场资产价格因素与货币供给之间呈现负向抑制效应，而股票市场资产价格因素对货币供给具有正向推进效应。骆祚炎、谢涵冰（2018）基于金融加速器的视角，通过金融加速器的机制从理论上阐明住房价格变动对经济体系会造成非对称的冲击效应。

第二节　中国货币政策对资产价格反应的实证

在中国，随着中国金融市场的不断发展，股市和房地产作为资产的重要代表，已经成为社会财富的重要组成部分，并在国民经济领域发挥着重要作用，而其价格的巨大波动，也成为全社会关注的焦点。就股市而言，上证综指从2005年的998点上升到2007年的6000多点，2008年又急剧下跌到1664点，再上涨到2009年的3478点和2012年的1949点。2014年下半年以来，中国资本市场经历了大幅震荡，上证指数仅用半年左右的时间就从2400点左右快速攀升到近5200点，而后在降杠杆政策的冲击下，指数迅速滑落并持续大幅震荡。在整个过程中，尤其是指数暴跌阶段，关于央行是否应该利用货币扩张释放流动性救市的话题引起了广泛的争议。股市不仅是社会财富的重要组成部分也是国民经济的“晴雨表”，其价格大幅波动将对经济产生重要影响。与此同时，随着中国近些年房地产相关领域的飞速发展，房屋价格急剧上升，过高的房价已经成为社会广泛关注的焦点，虽然中央银行和相关部门不断出台调控措施来稳定房价，但是收效甚微。由此可见，资产价格在经济发展中扮演着重要角色，为了更好地应对以股价和房价为代表的资产价格频繁波动，探讨中国货币政策对资产价格应该如何做出反应，对保持金融、经济稳定具有重要意义。

一、研究思路与模型构建

尽管第三章已通过实证说明考虑平滑的前瞻性泰勒规则对我国货币政策进行了良好的刻画，但是如果将资产价格考虑进去的话，上述结论就未必可靠了。因此本小节首先仍对利率平滑的标准泰勒规则进行估计，在此基础上添加资产价格变量；其次纳入前瞻性因素，对前瞻性利率平滑资产价格扩展形式的泰勒规则进行估计。

标准泰勒规则公式为：

$$i_t^* = r^* + \pi_t + \beta(\pi_t - \pi^*) + \gamma y_t \tag{5-1}$$

其中，i_t^* 为政策目标利率，r^* 为均衡实际利率，β 和 γ 分别为通胀及产出缺口反应系数，π_t 为季度 t 与前三个季度的平均通货膨胀率，y_t 为产出缺口，代表的是实际产出与潜在产出之差。在此基础上，在式（5－1）右侧添加资产价格变量（股票价格和房地产价格）：

$$i_t^* = r^* + \pi_t + \beta(\pi_t - \pi^*) + \gamma y_t + \delta s_t \tag{5-2}$$

其中，s_t 代表资产价格变量。利率平滑行为由下面方程刻画：

$$i_t = \rho i_{t-1} + (1-\rho) i_t^* + v_t \tag{5-3}$$

将式（5－1）和式（5－3）合并，得到我们需要估计的第一个方程，即利率平滑的标准泰勒规则：

$$i_t = \rho i_{t-1} + (1-\rho)[r^* + \pi_t + \beta(\pi_t - \pi^*) + \gamma y_t] + v_t \quad (5-4)$$

另外，将式（5－2）和式（5－3）结合，得到第二个实证方程，即考虑资产价格的利率平滑标准泰勒规则：

$$i_t = \rho i_{t-1} + (1-\rho)[r^* + \pi_t + \beta(\pi_t - \pi^*) + \gamma y_t + \delta s_t] + v_t \quad (5-5)$$

令 $\alpha = (1-\rho)(r_t^* - \beta\pi^*)$，则式（5－4）和式（5－5）可以进一步简化为：

$$i_t = \alpha + (1-\rho)(1+\beta)\pi_t + (1-\rho)\gamma y_t + \rho i_{t-1} + v_t \quad (5-6)$$

$$i_t = \alpha + (1-\rho)(1+\beta)\pi_t + (1-\rho)\gamma y_t + (1-\rho)\delta s_t + \rho i_{t-1} + v_t \quad (5-7)$$

接下来，我们研究考虑资产价格的利率平滑前瞻性泰勒规则。根据式（5－7）对前瞻性货币政策规则的描述：

$$i_t^* = r^* + \pi_t + \beta[E(\pi_{t,k} \mid \Omega_t) - \pi^*] + \gamma E(y_{t,q} \mid \Omega_t) \quad (5-8)$$

我们先在方程右侧试着添加资产价格变量：

$$i_t^* = r^* + \pi_t + \beta[E(\pi_{t,k} \mid \Omega_t) - \pi^*] + \gamma E(y_{t,q} \mid \Omega_t) + \delta s_{t-1} \quad (5-9)$$

在式（5－9）中，根据 Bernanke 和 Gertler（1999）的做法，利率对通胀预期和产出缺口预期反应，对资产价格滞后项（s_{t-1}）反应①。然后，将式（5－9）与利率平滑公式（5－3）合并，同时令 $k = q = 1$，并去掉不可观测的预期项，得到：

① Bernanke 和 Gertler(1999)在用扩展 BGG 模型模拟不同货币政策规则下资产价格泡沫冲击时采用的是股票价格当期值,但是在后一部分对美国和日本的政策反应函数进行实证估计时,却将股票价格当期值换成了滞后项。

$$i_t = (1-\rho)[r_t^* + \pi_{t-1} + \beta(\pi_{t+1} - \pi^*) + \gamma y_{t+1} + \delta s_{t-1}] + \rho i_{t-1} + \varepsilon_t \tag{5-10}$$

同样，令 $\alpha = (1-\rho)(r_t^* - \beta\pi^*)$，将式（5-10）进一简化为：

$$i_t = \alpha + (1-\rho)\pi_{t-1} + (1-\rho)\beta\pi_{t+1} + (1-\rho)\gamma y_{t+1} + (1-\rho)\delta s_{t-1} + \rho i_{t-1} + \varepsilon_t \tag{5-11}$$

其中，误差项 $\varepsilon_t \equiv -(1-\rho)\{\beta[\pi_{t+1} - E(\pi_{t+1} \mid \Omega_{t-1})] + \gamma[y_{t+1} - E(y_{t+1} \mid \Omega_{t-1})]\} + v_t$，中括号内的是预测误差项的线性组合，其中，预测误差分别是 $[\pi_{t+1} - E(\pi_{t+1} \mid \Omega_{t-1})]$ 和 $[y_{t+1} - E(y_{t+1} \mid \Omega_{t-1})]$，它们是序列不相关的，但是与 $t+1$ 期通胀信息和 $t+1$ 期的产出缺口信息相关，由于这些信息与 t 期的信息集无关，因此误差项 ε_t 与信息集 Ω_t 正交。我们利用工具变量，对考虑资产价格的利率平滑前瞻性泰勒规则式（5-11）进行 GMM 估计。

二、指标选取与数据处理

（一）利率、通货膨胀率以及产出缺口

利率、通货膨胀率以及产出缺口的指标选取及计算方式同第三章，即利率采取 Chibor 7 天数据，通货膨胀率采取 CPI 数据，产出缺口的计算方法是采取 HP 滤波方法得出潜在产出，在此基础上计算产出缺口。数据来自 Wind，样本区间为 2000 年第一季度至 2018 年第四季度。

（二）股票价格

本书选取上证综合指数季末收盘价作为股票价格的代理变量。具体数据处理过程为，首先将 2000 年作为基期，计算定基 CPI，其次用上证综合指数季末收盘价除以定基 CPI 得到季度实际股价（*SP*）。在此基础上用 HP 滤波得到潜在股价（*HPS*），对实际股价与潜在股价取对数，并计算两者差值得到股价变化率，即 $SP_t = 100 \times (LNSP - LNHPS)$，

如图 5－1 所示。

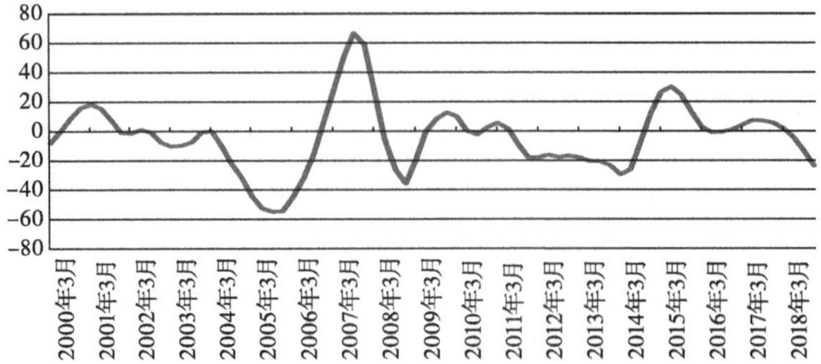

图 5－1　2000 年第一季度至 2018 年第四季度中国股价缺口

资料来源：Wind。

（三）房地产价格

房地产价格一般采用两种指标，即价格指数和实际平均销售价格。目前，中国各类房地产价格指数不下十种，如中房指数、全国 70 个大中城市房地产价格指数、西安 40 指数和上房 50 指数等。在众多指数中，国房景气指数具有代表性。本书选取国房景气指数作为房价的替代变量，由于在该指数编制过程中价格和季节因素已经做了处理，因此本书不再调整。本书将各年份国房景气指数的月度数据，经过算术平均得到各年季度数据（*HPI*），然后再取对数，并作 HP 滤波得到潜在季度数据（HPIP 序列）。二者差值即房价缺口，即房价缺口 $HP_t = 100 \times (LNHPI - LNHPIP)$，如图 5－2 所示。

三、实证分析

（一）ADF 平稳性检验

本书首先对样本数据进行 ADF 单位根检验，以避免出现“伪回归”现象。表 5－1 的检验结果显示，利率和通货膨胀在 1% 的显著性水平下服从 I（1），产出缺口在 5% 的显著性水平下是平稳序列，而股票价

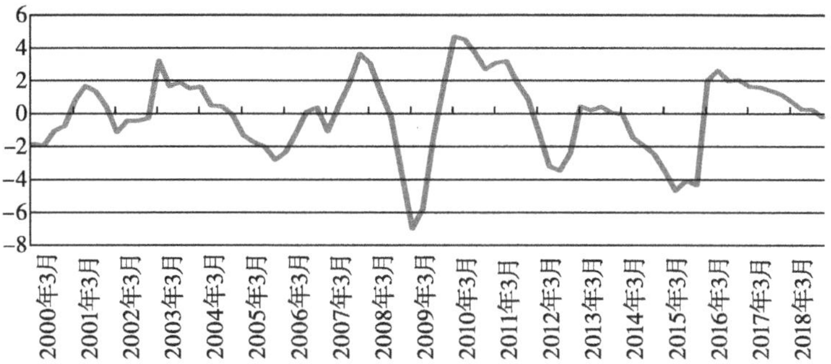

图5－2　2000年3月至2018年3月中国房价缺口

资料来源：Wind。

格、房地产价格在1%的显著性水平下服从I（0），也是平稳序列。

表5－1　ADF单位根检验结果

变量	检验类型（c，t，x）	ADF值	1%临界值	5%临界值	10%临界值	p值	结论
r	（c，0，0）	-2.42	-3.52	-2.90	-2.59	0.141	不平稳
D（*r*）	（0，0，0）	-8.95***	-2.60	-1.95	-1.61	0.000	平稳
CPI	（*c*，0，8）	-2.41	-3.53	-2.91	-2.59	0.144	不平稳
D（*CPI*）	（0，0，7）	-7.02***	-2.60	-1.95	-1.61	0.000	平稳
GDPG	（0，0，10）	-2.51**	-2.60	-1.95	-1.61	0.013	平稳
SP	（0，0，5）	-3.75***	-2.60	-1.95	-1.61	0.003	平稳
HP	（0，0，1）	-4.87***	-2.60	-1.95	-1.61	0.000	平稳

注：在（*c*，*t*，*x*）中，*c*代表常数项，*t*代表趋势值，*x*代表滞后阶数。***表示t统计在1%临界水平下显著，**表示t统计在5%临界水平下显著。

（二）Johansen检验

由于变量不全为平稳序列，须进一步确定各变量之间是否存在协整关系。协整分析的前提为*VAR*模型的干扰项是白噪声，而这能够通过选择适当的滞后期数（p）来实现。经过分析，我们确定最优滞后阶数为4期，即确定为*VAR*（4）模型，见表5－2。

表 5-2　最优滞后阶数的选择

Lag	Log*L*	*LR*	*FPE*	*AIC*	*SC*
1	-520.1441	NA	2.597702	15.14289	15.93340
2	-443.6372	131.7620	0.626125	13.71214	15.29316
3	-387.5902	88.74112	0.270169	12.84973	15.22125
4	-318.0343	100.4696*	0.081890*	11.61206*	14.77410*

注：*代表该标准下滞后阶数的选择结果。

在此基础上，根据最优滞后阶数，我们进行 Johansen 检验。如果两个或两个以上的非平稳时间序列（含有单位根的时间序列）的线性组合能构成平稳的时间序列，则称这些非平稳时间序列是协整的，称得到的平稳的线性组合为协整方程，可以认为协整方程的存在说明这些变量（非平稳的时间序列）之间存在长期的均衡关系。所以，如果通过检验，证明泰勒规则内的各个变量之间的确存在协整关系，就能说明泰勒规则是成立的，并可进一步进行货币政策反应函数的分析。根据表 5-3的 Johansen 检验结果，迹统计量大于5% 显著水平下的临界值，拒绝原协整关系个数为零的原假设，存在两个显著的协整关系，表明本书采用的各变量间存在长期均衡关系，可以进行下一步的回归分析。

表 5-3　Johansen 检验结果

原假设协整关系个数	特征值	迹统计量	5% 临界值
0*	0.432096	94.77086	69.81889
至多 1 个*	0.311879	54.03300	47.85613
至多 2 个	0.211749	27.11822	29.79707

注：*表示在5% 显著性水平下拒绝原假设。

（三）考虑利率平滑的标准泰勒规则估计

我们首先对式（5-6）进行估计，其次逐渐添加资产价格和前瞻性并与之进行比较。需要说明的是，虽然第三章也对这一类型的泰勒规则［式（3-7）］进行了估计，但是由于与本章的样本区间不一致，其估计结果无法与添加资产价格和前瞻性的实证结果进行有效对比，故需要重新估计。估计结果如下（具体结果见附录5）：

$$i_t = 0.723 + 0.038\,\pi_t + 0.198\,y_t + 0.721\,i_{t-1} \quad (5-12)$$

$$(0.200) \quad (0.030) \quad (0.079) \quad (0.069)$$

$$R^2 = 0.752 \qquad DW = 1.941$$

以上结果显示，利率平滑系数为0.721，说明中国货币政策确实存在较明显的主动、部分调整利率的行为，根据产出缺口系数0.198可以计算出γ值为0.71，这一系数为正，且大于Taylor（1993）假定的0.5的系数，同时考虑到通胀系数不显著，可以认为中国货币政策存在稳定产出的强烈目的。

（四）对资产价格反应的利率平滑标准泰勒规则估计

根据式（5-7），我们进一步考虑利率平滑的泰勒规则有没有对资产价格进行反应。首先分析股票价格的影响。

$$i_t = 0.740 + 0.037\,\pi_t + 0.216\,y_t - 0.001\,s_t + 0.716\,i_{t-1} \quad (5-13)$$

$$(0.209) \quad (0.031) \quad (0.100) \quad (0.003) \quad (0.071)$$

$$R^2 = 0.749 \qquad DW = 1.939$$

对式（5-13）与式（5-12）的结果进行比较分析发现，股票价格因素的添加没有造成什么大变化，不管是从各系数值，还是从R^2和DW值上来看，两个方程的结果都很相似。而我们感兴趣的股票价格反应系数虽然为负，但数值很小（进一步计算得出δ的数值也很小，仅为-0.0035）且不显著。以上说明股票价格的波动并未对利率起到实质性影响，添加股票价格变量并未使我国的货币政策反应函数产生大的变化。另外，与通胀反应系数和股价反应系数统计不显著相比，产出缺口系数在5%水平下显著，系数值为0.216，计算出来的$\gamma = 0.761$，说明利率相对于对通胀和股价，对产出缺口的反应更大。

接下来分析房地产价格的影响，其结果如下：

$$i_t = 0.612 + 0.013\,\pi_t + 0.143\,y_t + 0.051\,s_t + 0.779\,i_{t-1} \qquad (5-14)$$

(0.203)　(0.032)　(0.082)　(0.025)　(0.074)

$R^2 = 0.762$　　$DW = 2.150$

从式（5－14）的结果来看：首先，房地产价格对利率的影响为正且统计显著，计算出来的 δ 值为 0.231，表示房地产价格上涨 1%，利率相应上涨 0.231%，这与我国数次在房地产价格暴涨时采取紧缩型或稳健型货币政策的历史相一致；其次，利率平滑系数较式（5－12）和式（5－13）稍大，说明中国货币政策在对房地产价格反应的具体调整方式上，惯性更加明显，倾向于多次、小幅调整，避免政策“急刹车”从而对房地产市场造成冲击；最后，从通胀和产出缺口反应系数来看，通胀系数仍然统计不显著，产出缺口系数在 10% 水平上显著，根据这一系数计算出来的 γ 值为 0.65，低于不含房地产价格的泰勒规则形式［式（5－12）］结果。

（五）对资产价格反应的利率平滑前瞻性泰勒规则估计

鉴于第三章前瞻性因素在中国货币政策中的确定性作用，现在将其与资产价格结合，考察其在利率平滑模式下的表现。添加股票价格的实证结果如式（5－15）所示：

$$i_t = 0.317 - 0.057\,\pi_{t-1} + 0.116\,\pi_{t+1} + 0.080\,y_{t+1} - 0.003\,s_{t-1} + 0.838\,i_{t-1} \qquad (5-15)$$

(0.071)(0.013)　(0.016)　(0.036)　(0.001)　(0.026)

$R^2 = 0.751$　　$DW = 2.238$

从上述结果来看，考虑了前瞻因素后，中国货币政策不管是对通胀、产出缺口还是对股票价格，都反应显著，与不考虑前瞻因素的式（5－13）相比，除了产出缺口在 5% 水平下显著外，所有系数都在

1%水平下显示出统计显著性，而式（5－13）的通胀和股价均不显著。由此我们认为：第一，将前瞻因素纳入进来提高了中国货币政策反应函数的稳定性，这一结果与第三章包含前瞻性因素的利率平滑泰勒规则结果类似。第二，R^2值为0.751，比式（5－13）的0.741稍高一点，说明考虑了前瞻因素后拟合效果有所进步。第三，利率平滑系数为0.838，这也符合现实，因为正是基于对未来的预测，所以货币政策操作不能大起大落。第四，股票价格反应系数虽然统计上显著，但是与式（5－13）结果相一致的是，符号不仅仍为负，而且数值很小（计算出来的$\delta = -0.019$），因此从经济学角度解释的话，起码可以说明中国货币政策并没有对股票价格变化进行“逆风”操作。第五，产出缺口反应系数为0.080，由其计算出来的$\gamma = 0.494$，系数符号为正且数值接近标准泰勒规则0.5的系数；通胀反应系数为0.116，由此计算出来的$\beta = 0.408$。通胀和产出系数均为正，这说明式（5－15）描述的泰勒规则是一个稳定的反应方程，毕竟只有β为正，才能保证利率对通胀的反应大于1∶1，即保证实际利率应对通胀上升的正反应，只有γ为正，才能保证货币政策的“逆风”操作有效性。

接下来将股票价格变量换成房地产价格变量，得到的结果如式(5－16）所示：

$$i_t = 0.455 - 0.033\,\pi_{t-1} + 0.076\,\pi_{t+1} + 0.104\,y_{t+1} + 0.016\,s_{t-1} + 0.808\,i_{t-1} \tag{5-16}$$

(0.084) (0.011)　(0.028)　(0.043)　(0.008)　(0.020)

$R^2 = 0.749$　　DW = 2.290

首先，根据式（5－16）的结果，它与式（5－15）添加股票价格泰勒规则的最大区别就是房地产价格反应为正且统计显著。根据式（5－15)的房地产价格反应系数（0.016）计算出来的$\delta = 0.083$，说明虽然中国货币政策对房地产价格进行了明显的反应，但反应并不积极。其次，前瞻性因素的发挥仍然很稳定，除了房地产反应系数在5%水平下统计显著，其他各变量系数都是在1%水平下统计显著，尤其是与式（5－14）不包含前瞻性规则相比，通胀反应系数由不显著变为显著，R^2系数与DW值也都符合理论意义。再次，利率平滑系数同包含利率平滑的其他方程一样，数值为0.8不仅较高，而且与其他国家的实证文献结果一致。最后，通胀反应系数为0.076，产出反应系数为0.104，由此推算出来的$\beta = 0.396$，$\gamma = 0.542$，与股票价格反应验证的式（5－15）结果相似，但权重相对变高，说明中国不仅对房地产价格进行反应，而且更加关注房地产价格变化对实际经济的传导影响。

第三节　小结

受国际金融危机的影响，金融稳定问题受到了世界各国的普遍重视。信贷环境的过度宽松和资产价格泡沫膨胀等因素，加之货币政策的“不作为”，导致经济系统中金融失衡和系统性风险不断累积。金融失衡和系统性风险的释放往往是由于金融体系受到货币政策风向改变或市场风险偏好变化等因素的冲击，之后经由金融加速器等渠道，被金融体系放大并传递到实体经济，最终导致了经济的大幅下滑（伊楠、张斌，2016）。从这一段对金融危机爆发原因的机制描写中，我们可以看出，货币政策“不作为”所带来的金融系统性风险的累积是危机原因的前提条件。因此，从资产价格波动以及金融稳定角度出发，实证探究货币政策所起的作用就成为一个关键问题。

本章针对“货币政策是否对资产价格做出反应”这一问题，进行了中国情况的实证检验，结论如下：

首先，中国货币政策对股票价格反应不显著，而对房地产价格反应明显。不管考虑前瞻性因素与否，我国货币政策并未对股票价格变化进行反应［式（5－13）］，或未按“逆风”操作的方法应对股票价格变化［式（5－15）］；在考虑货币政策是否对房地产价格进行反应时，房地产价格变化对利率的影响都为正且统计显著［式（5－14）和式（5－16）］，这一点与股票价格的实证结果形成鲜明对比。

其次，前瞻性泰勒规则能较好地刻画中国货币政策对资产价格的反应行为。具体来说，一方面，在不考虑前瞻性的股票价格反应规则中，通胀的反应不显著，而在添加了前瞻性之后，通胀系数才统计显著；另一方面，前瞻性因素对房地产价格方程的影响，同股票价格方程结果相似，即在不考虑前瞻性时，通胀反应系数统计不显著，而考虑前瞻性因素之后，通胀反应系数变得显著。因此，与第三章、第四章结论一致，本章对资产价格反应的前瞻性泰勒规则，不管从统计学意义还是经济学意义来说，对货币政策反应函数的结果都有所促进。

最后，本章所有包含利率平滑的这五个方程所得出的利率平滑系数数值均较大，这一点与第三章、第四章的结论一致，再次验证了中国人民银行的有意、部分调整利率的“持续性”行为。产出缺口系数在这几个方程中也都比通胀系数要统计显著且数值偏大，说明我国“保增长”的政策考虑。

第六章

泰勒规则的规范分析

——以中国的情况为例

第一节 泰勒规则规范研究的意义

货币政策规则研究大致可以分为两种研究范式：一种是对货币政策规则进行经验估计，实证分析货币政策规则具有什么样的特点和表现形式，即“what do”；另一种是将货币政策规则作为一种有助于决策的、启发式的、现成的规范或基准，用于评估货币政策立场（评价历史立场以及进行未来政策指导），即“what should do”。本章着重于后一种规范研究。

一、作为经验法则（rule of thumb）的货币政策规则

绝大多数人都承认货币政策规则作为经验法则在宏观经济复杂性和我们有限的知识背景下的有用性。Poole（1971，2007）认为，政策顾问无法为货币当局面临的每一种可能的突发事件提供准确的指导以达到最优政策效果。政策顾问所能做的就是找出有用的经验法则，使其在大多数情况下成为政策指南。如果政策制定者依赖一个简单的经验法则作为政策指南，那么可以采用它来理解历史政策决策并改进未来的政策。而对于如何进行货币政策的规范研究，首先应该认识到，“规则”与

“偏离”是相对的。换句话说，存在规则就意味着必然存在偏离。Orphanides（2008）认为，货币政策研究人员通常依靠作为经验法则的货币政策规则来描述货币政策历史决策，将当前政策与历史准则进行比较，并对政策可能偏离规则的事件进行评估，以及检查这些偏离背后的原因。Bullard（2018）也认为，货币政策规则在制定货币政策行动基准方面非常有用，根据货币政策规则得出的利率水平为货币政策辩论设定了基准。因此，将货币政策规则作为一种经验法则或基准，在此基础上比较实际情况与规则所提出的建议，查看是否一致或存在偏离，就可以对货币政策立场进行评价。本章不试图对中国未来的货币政策进行政策指导，而是专注于对中国货币政策历史的解释。

泰勒规则脱胎于1990年布鲁金斯学会主持的关于货币政策规则的一个研究项目（见第二章）。事后，在对这一项目进行总结的研究报告中，Bryant，Hooper 和 Mann（1993）以及 Henderson 和 McKibbin（1993）都对泰勒规则进行了比较模拟，并且证明其作为货币政策规则的有效性。Taylor（1993）利用这一规则又对美国货币政策历史进行了分析，发现该规则很好地描述了1987—1992年美联储的行为。由此，泰勒规则便获得了在规范研究中的重要地位。美联储很快便接受了泰勒规则对其利率未来水平的政策指导作用（美联储 FOMC 会议中第一次出现泰勒规则的记录是在1995年1月）①。相较于中央银行实务层面，当时学界对泰勒规则的研究以实证研究为主，通过估计（美国）各个历史阶段的货币政策反应函数，对美联储从“大通胀”时期开始的货币政策进行对比，试图发现泰勒规则导致的货币政策转变（向好）证

① Asso，Kahn 和 Leeson（2010）专门就泰勒规则在美联储的决策应用进行了研究，通过时间顺序将美联储感兴趣的相关泰勒问题进行了描述。

据，并间接证明这种货币政策转变与经济绩效之间的关系①。可以说，在2008年国际金融危机之前，有关泰勒规则的规范研究并未出现高的话题性，这可能与“大缓和”时期所表现出来的经济与物价长期稳定的现状有关。

二、危机之后的反思以及泰勒规则规范研究的兴起

2007年美国次贷危机以及之后爆发的国际金融危机，是二战以来对经济增长造成最大冲击的经济危机。危机发生后，人们面对的亟待回答的问题是危机为什么会产生？研究者从不同角度提出了自己的看法，货币政策规则（泰勒规则）一派也不例外。Taylor（2007）以他最初形式的标准泰勒规则作为基准，发现危机前的2003—2006年，美联储设置的联邦基金利率比泰勒规则建议的利率低3%，继而他运用“反事实”场景，发现若采用泰勒规则的建议利率水平，美国房地产市场上房屋开工率则明显低于实际开工率。因此，他认为低利率是导致房地产繁荣的原因，而这反过来又导致了房地产金融过度的风险承担，最终导致房地产泡沫破裂、违约和许多金融机构资产负债表上有毒资产的上升。Taylor（2010）在对经济危机产生原因的总结中，将这一偏离泰勒规则水平的低利率情况称为“大偏离”。尽管Kohn（2007）和Bernanke（2010）对泰勒规则的具体采用形式提出质疑②，但是泰勒的上述观点得到了多数人的赞同。Jarocinski和Smets（2008）根据20世纪80年代和90年代数据所估计出来的VAR方程，也得出这一时期利率偏低的结

① Judd和Rudebusch(1998),Clarida,Gali和Gertler(2000),Woodford(2003),Stock和Watson(2002)的研究表明,“大缓和”时期比之前的反应系数要显著增加,更接近泰勒规则的假设系数;Stock和Watson(2002)以及Cecchetti,Flores Lagunes和Krause(2006)则试图证明货币政策转变与经济绩效两者之间的因果关系。

② 这些质疑的观点主要集中于通胀数据应该采取预期值而不是泰勒规则所采用的当前值。

论。Kahn（2010）根据四个不同泰勒规则版本所得出的利率变化路径，将其与利率真实值进行比较，发现在2002—2006年，这四条规则路径均高于利率真实值，这说明美联储确实设置了过低的利率，形成了“政策偏离”。

与此同时，还有一些学者也陆续通过泰勒规则规范研究发现了世界范围内“政策偏离”现象。Ahrend（2010）根据标准泰勒规则，仅将均衡实际利率变为各国的估计值，然后对OECD 22个国家进行了利率偏离的比较，同样发现在2002—2005年，绝大部分国家都经历了短期利率持续低于泰勒规则规定水平的阶段，虽然偏离程度不同，偏离时间也不一致，但在上述时间段内，“政策偏离”这一泰勒观点得到了充分展示。Hofmann和Bogdanova（2012）通过考察不同的通胀指标和产出缺口测量方法①，采用“厚建模方法”（thick modeling approach）计算了11个发达经济体和17个新兴市场经济体的泰勒规则基准利率，他们发现，在发达国家尤其是EME国家，政策利率在过去10年平均来看确实是低于泰勒规则的利率水平；2003年以来，全球政策利率一直处于低于泰勒规则利率的水平，只有到了2008年国际金融危机时期，才与泰勒规则利率一致，但是2009年后由于全球经济复苏需要政策利率保持低位，所以这一偏离再次加剧，2012年第一季度欧债危机的爆发使得这一偏离缺口收窄。Gray（2013）在考察危机前世界主要国家利率偏离泰勒规则水平的基础上，从货币政策传导角度探讨了美国货币政策对全球其他央行的溢出效应。结论认为，美国降低政策利率导致了全球利率的下降以及外汇储备的增加，而这可能是导致随后全球流动性繁荣的

① Hofmann和Bogdanova(2012)设置的泰勒规则基准方程中，主要考虑的是通胀和产出缺口的不同情况，对于均衡实际利率采用的是各国实际GDP趋势增长率(trend growth rate)，通胀目标则采用各国官方公布的通胀目标。

主要原因。其他提供“全球大偏离”证据文献的还有 Carstens（2015）、Lane（2016）、Edwards（2017）。

三、经济危机以来对货币政策实施的质疑

2008 年 9 月，“雷曼兄弟”事件发生后，美联储在当年 12 月金融危机最严重的时候，将联邦基金利率目标调低至 0 ~ 0.25% 这一区间，并将这一利率水平一直保持到 2015 年底。由于受“零利率”下限的约束，美联储的这一行为“（至少暂时）结束了使用泰勒规则进行实证分析的情况，但使用泰勒规则进行规范性分析的情况仍然没有减少”（Nikolsko－Rzhevskyy and Papell，2012）。

当时使用泰勒规则进行规范分析的主要问题集中在：如果它不受零下限约束的话，联邦基金利率应该是负值吗？假如答案是肯定的，说明美联储 2009 年（QE1）和 2010—2011 年（QE2）采取的量化宽松政策是应当的；假如答案是否定的，则量化宽松政策的正当性受到质疑。问题产生的导火线是 Guha（2009）的研究，在其研究中，其通过援引美联储的一个不公开数据，认为根据泰勒规则计算出来的利率水平为 －5%。对此，Taylor（2009a）反驳说，这个负值是错的，按照他的计算，利率应该是 0.5% 这样一个正值。之后，Rudebusch（2009，2010）和 Meyer（2009）也加入了辩论，主张利率水平在 －6% ~ －5%。

上述讨论揭示出泰勒规则进行规范分析时最重要的问题，就是基准形式（benchmark）的确定对研究结论有很大影响。从上文对危机原因及“政策偏离”的讨论中，其实已经可以看出，泰勒规则的具体形式设定如系数（主要是产出缺口系数）的改变，以及变量指标的选取等，会形成不同的泰勒规则变体，从而也会得出不同的结论。从这一角度来看，危机前“政策偏离”的事实还是比较可信的，因为如此多的文献在采用不同泰勒规则变体的基础上所得出的结论毕竟在性质上是相似

的，尽管数量程度会有所差异。而危机之后，不管是对危机初期的量化宽松政策实施的正当性的讨论，还是对2015年美联储是否加息的讨论，都可以看出不同泰勒规则形式所导致的观点差异。因此，下一节，本书将讨论可供规范研究的不同泰勒规则基准形式的确定。

第二节　泰勒规则基准形式的确定

本节首先对最基本的标准泰勒规则进行描述，从中辨析出导致“政策偏离”的来源；其次对这些偏离来源一一进行考虑，形成不同的泰勒规则基准形式。

一、标准泰勒规则

Taylor（1993）提出的标准泰勒规则的原始形式为：

$$i_t = r^* + \pi_t + \beta(\pi_t - \pi^*) + \gamma y_t \tag{6-1}$$

其中，i_t 表示联邦基金利率的目标水平，r^* 为均衡实际利率，β 和 γ 分别为通胀及产出缺口反应系数，π_t 为季度 t 与前三个季度的平均通货膨胀率，y_t 为产出缺口，代表的是实际产出与潜在产出之差。将式(6－1)进行稍微变化，得：

$$i_t = r^* + \pi^* + \varphi_\pi(\pi_t - \pi^*) + \varphi_y y_t \tag{6-2}$$

之所以写成式（6－2）的形式，是因为这样可以更好地对偏离来源进行辨析。具体来看，式（6－2）右侧由四项组成，分别是均衡实际利率、通胀目标、通胀缺口和产出缺口。在Taylor（1993）的公式中，泰勒假设通胀缺口系数和产出缺口系数相等，均为0.5，并且通胀和产出数据均采用当前值。这意味着：

$$i_t = r^* + \pi^* + 1.5(\pi_t - \pi^*) + 0.5 y_t \tag{6-3}$$

下面，我们对式（6－2）进行放松假设后的分析。

二、采用通胀预期的泰勒规则

对于在经验法则中应该采用经济变量的预测值还是当前值这一问题，各国央行和学界很早就开始关注并困扰至今。早在1997年，FOMC成员Meyer就提到，如果用预测值来表示泰勒规则中的通胀和产出缺口，而不用当前值，则泰勒规则给出的政策建议会变成立即紧缩。2003年，当美国经济好转时，这个问题再次出现。当时FOMC考虑是否要提高联邦基金利率，以及在当时1%的利率低点上采取什么加息方式。Bernanke指出，后顾性的泰勒规则建议联邦基金利率水平为1.5%，然后利率会逐步提高，到2005年底将达到3.5%的水平；相比之下，前瞻性的泰勒规则意味着紧缩过程要慢得多。按照前瞻性泰勒规则的建议，“到2004年底，基金利率将仅仅达到1.5%，而不是后顾性规则预测的2.25%”。2008年国际金融危机之后，在对危机原因的反思中，对于泰勒提出的“大偏离”观点，Bernanke（2010）认为，如果使用通货膨胀预测值而不是当前已实现值，则可以证明危机前美联储的政策是恰当的。

解决这一问题的难点是，与政策建议相关的规则在任何时点都反映了政策制定者当时可获得的信息。在某种程度上，政策是基于可观察的宏观经济变量，简单的货币政策规则可以使用实时的当前值。然而，政策制定者认为，关键宏观经济变量的预测是对当前经济状况更有用的概括描述，在此基础上的政策规则估计将会为政策制定者提供一条更加确定的预测途径。

Poole（2007）虽然是根据采用当前值的标准泰勒规则对美联储前20年的货币政策进行刻画，但是他也承认采用预期值导致政策偏差的合理性。Orphanides（2008）根据FOMC向国会提交的半年度货币政策报告（Humphrey - Hawkins Reports）中公开的 FOMC 预测，对上述问题进行了调查。结果表明，FOMC 确实是主要根据自己的预测而不是观察到的当前值来进行货币政策操作的，联邦基金利率与基于结果的泰勒规则的许多明显偏差可被视为对联邦公开市场委员会预测中所含信息的系统反应。总之，在经验法则的背景下使用 FOMC 预测值对于理解历史货币政策是非常有用的，而基于结果的分析给出的数值则要低得多。

基于以上分析，本书提出的第二个泰勒规则基准形式就是将式(6 - 2)中的通胀当前值改为预测值（预期）：

$$i_t = r^* + \pi^* + \varphi_\pi(\pi_t^e - \pi^*) + \varphi_y y_t \qquad (6-4)$$

其中，π_t^e 表示通胀预测值（预期），通胀缺口系数和产出缺口系数仍然为 1.5 和 0.5，即：

$$i_t = r^* + \pi^* + 1.5 \times (\pi_t^e - \pi^*) + 0.5\, y_t \qquad (6-5)$$

三、不同产出系数的泰勒规则

相对于式（6 - 3）和式（6 - 5），现在让我们对产出缺口的系数进行修改，由 0.5 调整为 1.0。

最早研究产出缺口系数赋值问题的是 Ball（1997），当时他经过校准估计得出的产出缺口系数较低，认为产出系数应该更大，否则无法在价格抬升时抑制通胀苗头，在经济低迷时对抗紧缩。现在有关这一问题经常援引的文献是 Taylor（1999a，1999b）。Taylor（1999a）从九个宏观经济模型中提炼出五种规则形式并对其进行稳健性检验，其中，第三条规则的产出缺口系数为 0.5（这条规则就是 1993 年 Taylor 最早提出的泰勒规则原式），第四条规则的产出缺口系数为 1.0。继而，Taylor（1999b）将这两条规则作为基准规则进行路径分析，发现所给出的利率走势相差并不大。但是在危机爆发后，人们发现对于产出缺口系数不同的规则得出的结论迥异（Meyer，Rudebusch 和 Bernanke 使用的都是

1.0 系数的泰勒规则，而 Taylor 则仍沿用 0.5 的系数值）。时至今日，在美联储的货币政策决策中，仍会分别考虑产出系数为 0.5 和 1.0 的泰勒规则建议。发布频率为半年度的美联储《货币政策报告》从 2017 年 7 月开始，就明确将包括这两个形式的泰勒规则向公众进行展示。

基于以上分析，我们将采用通胀当前值的式（6－3）与采用通胀预期的式（6－5）进行产出缺口系数的修改：

$$i_t = r^* + \pi^* + 1.5(\pi_t - 2) + 1.0y_t \tag{6-6}$$

$$i_t = r^* + \pi^* + 1.5 \times (\pi_t^e - \pi^*) + 1.0y_t \tag{6-7}$$

四、均衡实际利率改变的泰勒规则

均衡实际利率是与稳态通货膨胀率和自然产出水平相一致的实际利率（Wicksell，1936）。货币当局根据泰勒规则将利率作为货币政策操作目标时，确保政策利率钉住均衡利率，否则，货币政策设定的实际利率与经济中的实际利率偏差会导致金融市场处于失衡状态，同时影响产品市场和劳动力市场的均衡。由于均衡利率是不可观测的，因此在研究中需要根据可观测的现实利率估计均衡利率。

Talyor（1993）假设均衡实际利率是一个 2% 的常数，这反映了文献中一个被广泛接受的观点：中央银行可以影响实际利率，但无法影响实际利率的长期趋势，这种趋势被认为是由基本因素驱动的。

时至今日，Taylor（1993）依据当时的经济发展情况所得出的均衡实际利率假设，现在还合适吗？Laubach 和 Williams（2003）对此进行了先驱性的研究，他们根据结构模型计算出均衡实际利率的值偏低；Curdia（2015）对假设稍微进行了改变，然后对自然实际利率进行分析，得出的数值也非常低；Holston，Laubach 和 Williams（2016）将这一问题分析扩展到其他国家，发现相似结果；Del Negro 等（2017）引入一个结构模型，使其包含对安全资产的不断变化的需求，然后估计出均衡实际利率的值也是偏低。Bullard（2018a）将均衡实际利率分解为三个部分：劳动生产增长率（labor productivity growth）、劳动力增长率（labor force growth）以及对安全资产的需求。其通过机制转换分别得出以上三要素的两状态（高和低）的值，在此基础上计算均衡实际利率的值为 -127 个基点至 -40 个基点。虽然 Bullard（2018b）随后修订了这一数值，但是仅仅为零的水平。

第三节 中国是否发生货币政策偏离

一、关于确定中国泰勒规则基准形式的几点说明

（一）“现代版”货币政策规则

Bullard（2018b）提出了一个“现代版”货币政策规则（a modernized monetary policy rule），考虑了在新时期替代 Taylor（1993）泰勒规则的可能性。由于考虑到作者的身份（圣路易斯联储主席）以及之前发表的相关观点，他所提出的这一“经验法则”可以被认为代表了美联储相当一部分人的看法。

Bullard（2018b）是基于以下三个认知提出对标准泰勒规则的修改的：首先，他认为均衡实际利率存在下降趋势；其次，菲利普斯曲线扁平化；最后，美国国内对通胀预期的测量更加准确。第一个问题上文已经做过介绍，因此接下来详细介绍一下后两种观点。菲利普斯曲线扁平化，通俗地解释，就是通货膨胀对实体经济发展情况（产出缺口或失业率缺口）的反应变小。2006 年，国际货币基金组织和美联储都开始注意到菲利普斯曲线斜率存在长达 10 年的下降趋势（IMF，2006；Roberts，2006）。而在经济危机之后出现了双重之谜（twin puzzle）：第一，

2009—2011 年没有出现通货紧缩；第二，2012 年以后出现了过度通缩，尤其是在欧洲。在大萧条（金融危机之后的经济衰退）期间，尽管经济衰退严重且持续时间较长，但发达国家的通货膨胀并没有像传统菲利普斯曲线或根据过去经验推测的那样急剧下降（Ball and Mazumder，2011）。同样令人困惑的是，近年尽管经济持续复苏、经济形势好转，但发达经济体（以及一些新兴市场）的总体通胀率仍低于目标。虽然我们可以将这一通胀率低的原因归于石油价格大幅下跌，但全球各国（地区）的通胀率都低于平均水平却无法用这一原因来解释。这一“双重之谜”似乎更加揭示了菲利普斯曲线扁平化的事实。更近一些的证据是由 Bullard（2018b）提出的，表示不管是从国际上还是美国国内，菲利普斯曲线的斜率系数都接近于零。由于考虑到泰勒规则中产出缺口项的设置正是基于菲利普斯曲线的考虑，因此其系数大小也会受到菲利普斯曲线扁平化的影响。

关于通胀预测的测量更加准确的说法，是因为美国现在拥有之前所没有的对通胀预期进行更准确测量的数据来源——通货膨胀保值债券（TIPS）。1997 年，该债券是由美国财政部发行、与 CPI 挂钩的债券。由于 TIPS 的波动性相对较低，并且设定了通货紧缩下限，不管是通货膨胀还是通货紧缩，均能较好地保证投资者的实际收益，因此可以提供实时的、较准确的通胀预期。在 TIPS 推出之前及早期，人们估计泰勒规则时总是采用实时的通胀数据，或是以下一期通胀代替，这种不符合实践的做法总是遭人诟病。在 TIPS 推出 20 年的当今，已经形成了足够长的数据时间序列，这些数据可以为货币政策制定者提供借鉴。

基于以上三点认识，Bullard（2018b）分别对标准泰勒规则进行了修改：采用较低的均衡实际利率值，将泰勒规则产出缺口系数缩小到原来的 1/10，以及用通胀预期缺口代替通胀缺口。

（二）中国基准形式的确定

Bullard（2018b）的三点认识，与上文讨论过的通胀预期、产出缺口系数以及均衡实际利率三方面相对应。但是我们可以直接拿来用吗？

首先，关于通胀预期的数据问题。由于中国并没有类似 TIPS 的通胀保值债券，因此我们只能沿用传统的通胀预期处理办法，即采用下一期数据作为前瞻性通胀。其次，关于产出系数。由于尚未见到菲利普斯曲线扁平化的国内专门的实证研究，因此我们不能妄自揣测泰勒规则产出缺口系数的大小；另外，根据第三章的实证结果，中国产出缺口系数一直比较大，因此本书仍将产出缺口系数分为 0.5 和 1.0 进行分析。最后，关于均衡实际利率问题。测算均衡实际利率的方法主要有三种：一是基于资本边际产出估计均衡利率，如叶志辉（2008）根据此方法得出 2% 的结论。二是基于潜在产出增长率估计均衡利率。Taylor（1993）提出的 2% 假设是基于新古典增长理论中“黄金法则”的思想，认为利率等于稳态路径下的经济增速，因此根据美国潜在产出增速将均衡实际利率设为 2%。不过，“黄金法则”在理论上过于严格，经验上缺乏足够支撑。三是基于货币政策规则估计均衡利率，这种方法显然不适合本章研究。除了上述处理方法，国内的泰勒规则相关研究中运用较常见的方法还有谢平（2002）取平均真实利率中位数，如 3%。而邓创等（2009，2012），潘淑娟、叶斌（2013）的研究中，估计出的均衡利率基本都在零附近波动。基于以上分析，本章对中国均衡实际利率取值 2%。

除了上述考虑外，基准形式的确定中还有通胀目标一项需要确定。文献中对这一经济指标的处理方法大致有三种：第一种是采用政府公布的通胀目标平均值（谢平，2002）；第二种是将样本期间的实际通货膨胀平均值作为通胀目标（黄昌利、尚友芳，2013）；第三种是通过 Fishier 交易方程式，利用货币供应量数据和货币流通速度数据，计算出潜在产出水平下的均衡通胀水平（陆军，2003）。本章通胀目标数据的确定拟采用第一种方法，根据表 6－1 总结的 2005—2018 年通货膨胀率目标，计算其平均值为 3.5%。

表 6－1　中国各年度通胀目标　（%）

年份	2005	2006	2007	2008	2009	2010	2011
目标	4	3	3	4.8	4.0	3.0	4.0
年份	2012	2013	2014	2015	2016	2017	2018
目标	4.0	3.5	3.5	3.0	4.0	3.0	3.0

资料来源：根据各年度中国政府在“关于××年国民经济和社会发展计划执行情况与××年国民经济和社会发展计划草案的报告”公布的通货膨胀率目标自查总结得出。

在下面的分析中，我们将上述确定的均衡实际利率、通胀目标数据、通胀缺口数据以及根据 HP 滤波方法得出的产出缺口数据代入第二节中的各公式中，将其计算结果与利率各指标的真实值进行比拟，从中找出政策偏离的时间阶段，并试着进行经济分析。样本区间为 2005—2018 年。

二、中国政策偏离的验证

（一）四个泰勒规则基准形式的表现

根据 2005—2018 年中国均衡实际利率（2%）、通胀目标数据（3.5）、通胀缺口以及产出缺口的季度数据，将其分别代入式（6－3）、式（6－5）、式（6－6）、式（6－7）中，得到：

规则 1：$i_t = 2 + 3.5 + 1.5(\pi_t - 3.5) + 0.5y_t$

规则 2：$i_t = 2 + 3.5 + 1.5(\pi_t^e - 3.5) + 0.5y_t$

规则 3：$i_t = 2 + 3.5 + 1.5(\pi_t - 3.5) + 1.0y_t$

规则 4：$i_t = 2 + 3.5 + 1.5(\pi_t^e - 3.5) + 1.0y_t$

这四个规则的具体时间变化见图6－1。

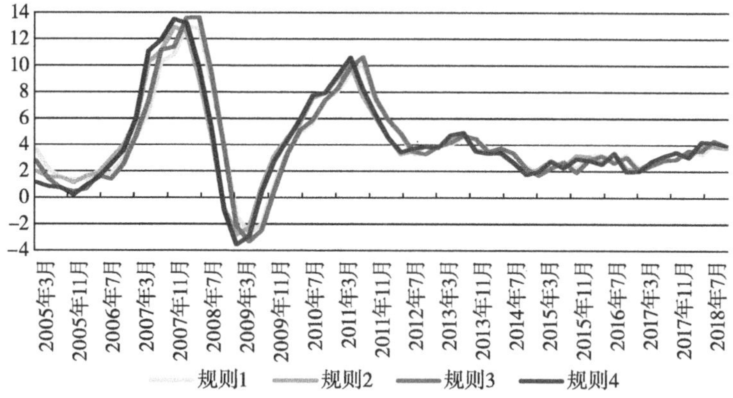

图6－1　四种泰勒规则规范利率值走势

从图6－1中我们可以看出，四种形式的泰勒规则所给出的规定利率走势趋同，在对经济发展历史的特点刻画上相似：在2008年国际金融危机前出现了一个短暂的极低利率期，然后利率迅速上升，在危机爆发前后达到峰值，之后受危机的影响一度跌破零利率界限，最低值近－4%，说明经济形势非常严峻，为中国推出4万亿元财政刺激政策以及下调法定存款准备金等宽松货币政策提供了理由。在财政政策和货币政策双重发力影响下，中国经济很快摆脱疲软之态，利率也不断攀升。近年来，随着经济“新常态”的到来，以及利率市场化的推进，货币政策操作量价调控方式的转变，中国货币政策对实体经济的反应越来越趋于“规则化”，利率波动变小，当前按照各泰勒规则变化形式所建议的利率水平在3%～4%。

（二）泰勒规则规范与政策利率

将上述四个规则利率走势与中国政策利率——1年期存、贷款利率进行比较，便得到政策利率偏离情况（见图6－2）。

从图6－2中可以看出，大的政策偏离主要发生在样本区间的前半

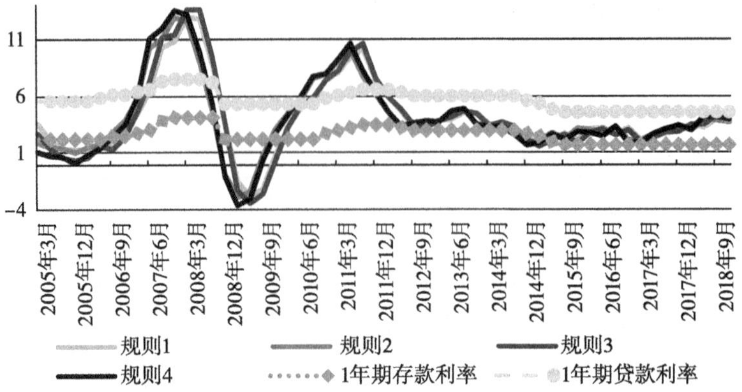

图 6-2　政策利率偏离

段：在金融危机爆发前，中国经济确实有经济企稳、开始发力的迹象，不仅规则值急剧攀升，而且政策利率也小幅抬高，这一阶段政策利率的反应明显小于泰勒规则的建议水平，显示出货币政策较宽松；金融危机爆发后，政策利率与泰勒规则利率均急剧下降，从 2008 年第四季度开始一直到 2010 年第三季度，1 年期存、贷款利率分别在 2.25% 和 5.31% 保持两年之久，而与此同时，泰勒规则利率则降至零水平以下，虽然在三个季度之后利率由负转正，但仍低于存款利率水平，反映出中央银行稳健的货币政策思路；第三次偏离发生在 4 万亿元财政刺激政策显现功效的 2010 年前后，与当时经济发出“过热”信号相对应，泰勒规则各规范值均高于贷款利率，反映了泰勒规则“逆风”操作的特点。

（三）泰勒规则规范与市场利率

我们再将四个泰勒规则规范与两个市场利率指标 Shibor 7 和 Chibor 7 进行比较，见图 6-3。

图 6-3 给出的市场利率偏离情况与政策利率偏离情况比较类似，都是在样本区间前半段偏离程度较大，而后半段偏离程度较小。现在让我们从 2012 年开始，详细研究一下近年来的政策偏离情况，见图 6-4。

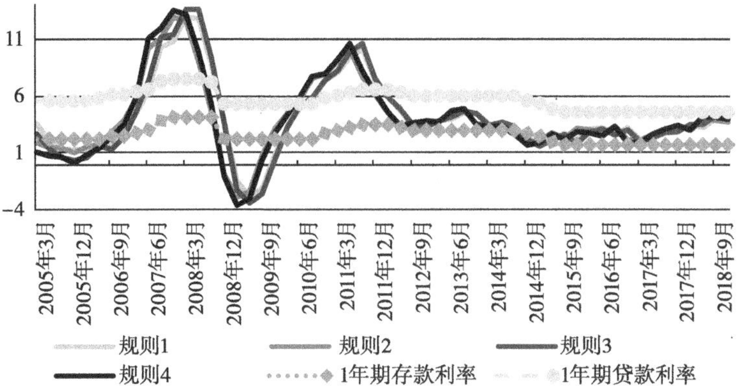

图6-3　2005年3月至2018年9月市场利率偏离情况

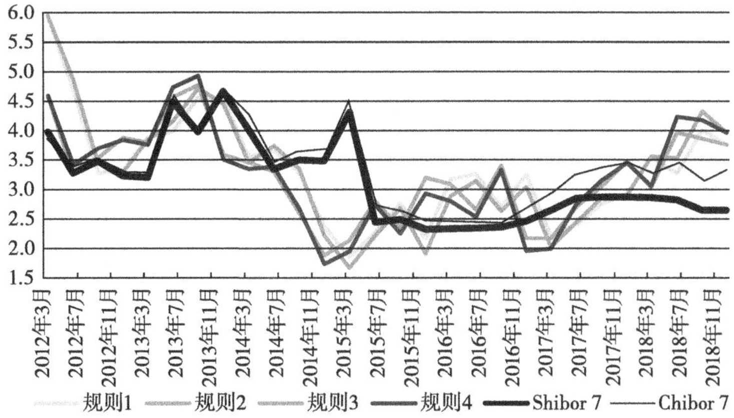

图6-4　2012年3月以来的市场利率偏离情况

从图6-4看出，在2012—2013年，泰勒规则规范值与市场利率走势比较接近，但是从2013年底开始，市场利率始终高于泰勒规则规范值，尤其是在2014年下半年到2015年中，两者变化方向截然相反：政策利率一路走低，而市场利率却再创高点。从2014年第三季度开始中国CPI一路下滑，直到2016年才有所抬升，而产出缺口从2014年第四季度开始一直持续负值，因此这段时间的市场利率偏高。另外，从图6-4中我们还可以看到一个较明显的偏离，就是从2017年中以来尤其是2018年的政策偏离，表现为市场利率走势平平，而规则利率却小幅陡升，其中，Shibor与泰勒规则利率最大规范值之间的差距为近2%。

第四节　小结

本章属于泰勒规则规范研究内容。规范研究的重要步骤是确定基准，因此本章在总结泰勒规则规范研究的历史文献以及最新观点基础之上，结合中国实际情况，确定了四种泰勒规则基准形式。继而，将其与不同的利率指标进行比较，得出的结论较一致，即在2005—2018年的样本区间内，中国货币政策在金融危机爆发之前与爆发之后的初期存在两个比较大的“政策偏离”，2012年之后货币政策则存在向“规则化”转变的情况。

需要明确的有四点：第一，如上所述，本章规范分析的结论较一致，四个泰勒规则规范的走势并未出现大的分歧，说明其政策含义并未有大的出入，这与美国在对待量化宽松政策推出时的正反观点，以及加息之前的政策摇摆形成对比。第二，在均衡实际利率问题上，本章选取2%以供分析之用，当然对于这一取值，有研究建议选取更高值，但考虑到用2%的分析结果会造成程度较大的偏离，因此，即使采取更高的值，对原结论也不会造成大的影响。第三，关于通胀目标，本书曾尝试代入各年度官方公布的通胀目标值并进行比较，但是考虑到中央银行非常重要的一个任务是保持预期稳定，而研究发现，自20世纪80年代中期以来，全球范围内低且稳定的通胀导致通胀持续性下降，未来通胀预期则发挥了越来越大的作用（Williams，2006；IMF，2013；Jorda et al.，2019），因此保持通胀目标固定不变有助于减小通胀预期波动，从而有利于中央银行更好地实现价格稳定这一最终目标。基于这一考虑，本书采用固定不变的通胀目标值。第四，本章得到的结论还有赖于产出缺口项的计算，在这一问题上，采取实时的产出数据、不同的退势方法都可能改变本章结论。而作为一个初步尝试，本章意在提供一个大致的研究框架和一个基准性的初步结论。考虑到结论的开放性，笔者在以后的研究中会根据不同的方法进行更细致的研究。

第七章
结论及展望

第一节　主要结论

本书从实证研究和规范研究这两个维度出发，将泰勒规则的两个发展方向研究纳入考察范围，研究泰勒规则在中国的适用情况，以及将泰勒规则运用到货币政策立场的历史评估分析。

首先，本书从经济思想史的角度考察了泰勒规则的提出。将“规则”划分为两种理解方式：一种是将规则理解为与相机抉择相对的货币政策决策方式；另一种是根据规则“简单”的特点，将其理解为具体的规则种类。本书概括了从“金本位”时期“通货学派”与“银行学派”对“可兑换规则”的争论、两次世界大战期间要不要恢复金本位的问题、二战后尤其是20世纪70年代凯恩斯主义的失势、货币主义与理性预期理论的兴起对规则问题的现代讨论，再到20世纪80年代对货币供应量规则的反思。以“规则与相机抉择”之争以及不同货币政策规则种类为统一脉络，通过对上述历史事件与理论的回顾，我们不仅避免了对某一问题的孤立认识，而且可以更好地理解泰勒规则产生的理论基础：它是建立在规则战胜相机抉择、利率规则取代货币供应量规则

（以及其他规则）基础上被提出来的。

其次，本书介绍了泰勒规则的研究文献。泰勒规则提出后，立即受到了学界和央行层面的广泛关注。人们对泰勒规则表示积极肯定的同时，也在积极完善它。概括来说，泰勒规则研究主要体现在两个方向上：第一个研究方向是对测量问题的再讨论，包括对央行预期方式的选择、反应系数的选择、变量指标的选取与测算问题等都被纳入讨论的范围；第二个研究方向是对泰勒规则形式的扩展，包括在方程右侧添加利率平滑项、汇率变量、国外利率、资产价格变量、货币供应量等。在对这一内容的介绍中，本书将泰勒规则的实证研究和规范研究一并放在各个问题的讨论当中。本书还介绍了国内泰勒规则研究的现状。

最后，在对中国货币政策调控方式转变的背景进行介绍后，本书开始着重分析泰勒规则的中国适用性情况。在这一实证分析范式下，本书在考虑测量问题的基础上，依次考察了简单形式的泰勒规则，分别添加了利率平滑项、汇率变量和资产价格变量的泰勒规则扩展形式的中国适用性。研究结论如下：

第一，中国的货币政策制定部门有明显的利率平滑调整行为。通过比较五个泰勒规则方程，发现在添加了利率平滑项后，拟合优度优于不考虑利率平滑的泰勒方程，且平滑系数较大，反映了中国人民银行货币政策行为内在的惯性属性，即有意在较长时间内分配政策利率的预期变化。

第二，在考虑利率平滑的基础上，本书发现前瞻性泰勒规则能更好地刻画中国货币政策行为。在不考虑汇率和资产价格的基准前瞻性泰勒规则中，根据 GMM 方法估计出来的前瞻性方程中通胀缺口反应系数和产出缺口反应系数不仅统计显著，而且符合经济学意义，这一基准前瞻性货币政策可以有效地锚定价格，同时稳定增长。除此之外，在分别考虑添加汇率变量和资产价格的前瞻性泰勒规则中，通胀系数和产出缺口系数的统计显著性均明显提高，各系数数值也均有所提高（除了汇率方程下通胀系数为负外）。

第三，虽然仅包含利率平滑的泰勒规则并不能很好地刻画中国货币政策对汇率的反应，但前瞻性泰勒规则较好地刻画了中国货币政策对汇率的反应。在前一种情形下，汇率当期项系数的符号为正且不显著，明显不符合经济学意义，虽然汇率滞后项符号为负，说明汇率冲击具有持续性，但该系数统计并不显著；而在前瞻性泰勒规则中，利率对汇率具有明显的反应，不仅汇率变量系数的统计显著性明显提升，系数符号也符合经济学意义。根据汇率反应系数的符号与数值大小可以判断，中国的货币政策对汇率进行了明显反应，即短期反应为汇率升值（贬值），则利率降低（提高）；长期反应为虽然会有利率回调（汇率滞后项系数为正）情况，但利率的汇率总反应仍为负。

第四，虽然中国货币政策对汇率进行了反应，但在稳定通胀方面表现并不良好。加入汇率项后的泰勒规则其通胀系数为负，推算出的 φ_π 也为负。根据泰勒规则隐含的实际利率规则要求，只有当 $\varphi_\pi > 1$ 时，泰勒规则才是稳定的货币政策规则。因此，虽然中国货币政策对汇率进行了正确反应，但是通胀上升会导致利率下降，换言之，对汇率反应的利率调整并不能有效控制通货膨胀。

第五，在“货币政策是否对资产价格反应”这一问题上，本书分别采用股票价格和房地产价格作为资产价格的代理变量，在对包含资产价格与不包含资产价格的不同泰勒规则进行验证时，发现前瞻性泰勒规则能较好地刻画中国货币政策对资产价格的反应行为。具体来说，中国货币政策对股票价格反应不显著，而对房地产价格反应显著。不管考虑前瞻性因素与否，中国货币政策都未对股票价格变化进行反应，或未按

“逆风”操作的方法应对股票价格变化；而当考虑货币政策是否对房地产价格进行反应时，房地产价格变化对利率的影响都为正且统计显著，这一点与股票价格的实证结果形成鲜明对比。

上述结论认为，中国货币政策部分验证了泰勒规则，虽然 Taylor（1993）原式并不适合中国情况，但是泰勒规则的其他变体在一定程度上解释了中国货币政策的实际行为。继而，本书以泰勒规则为经验法则，对中国货币政策进行规范分析。规范研究的重要步骤是确定研究的基准形式，因此本书在总结泰勒规则规范研究的历史文献以及最新观点基础上，同时结合中国实际情况，确定了四种泰勒规则基准形式。继而，将其与不同的利率指标进行比较，得出的结论较一致，即在 2005—2018 年的样本区间内，中国货币政策在经济危机爆发之前与爆发之后的初期存在两个比较大的“政策偏离”，2012 年之后货币政策则存在向“规则化”转变的情况。

第二节　存在问题及展望

一、基准利率的选择

长期以来，中国实行的是数量型调控和价格型调控相结合、以数量型调控为主的货币操作框架。近年来，在金融创新和金融脱媒的冲击下，中国货币数量调控有效性日益下降，向利率为主的货币价格调控方式转变的必要性和迫切性日趋上升。2015 年，中国放开利率浮动上限，利率市场化基本完成。但是对于中国金融市场而言，其仍处于改革和培育的过程中，中国金融市场体系还有待完善，基准利率面临再选择的过程。基准利率的确定对货币政策有效性、金融产品定价以及金融资产的优化配置都具有重大意义。周小川（2015）在解读“十三五”规划时提出，要选择和培育中央银行政策利率体系，完善货币政策传导机制。基准利率的确定对货币政策转型、传导机制的完善必不可少。目前，关于基准利率的选择还未形成一致结论。上海银行间同业拆放利率（Shibor）自2007年1月14日正式运行以来，成为基准利率的重点培育对象，但由于推出时间较晚，且在市场定价方面仍有不足，因此其基准利率的作用地位遭到质疑；中国人民银行在2016年第三季度《货币政策执行报告》中明确强调了存款类机构7天质押式回购利率（DR007）的重要性，被市场解读为DR007有可能成为新的基准利率，但其有效性还有待观察；“十三五”规划中提出健全利率市场决定机制，更好地发挥国债收益率曲线定价基准作用，为配合人民币纳入IMF特别提款权，中国财政部从2015年10月起每周流动发行3个月期国债（TF03），其收益率成为SDR利率篮子一员，随着国债市场的逐渐完善，国债收益率的基准作用也得到了加强，但是其成为基准利率还为时尚早。本书采用的全国银行间同业拆借利率（Chibor）是国内泰勒规则相关研究中普遍采用的利率指标，其在1996年就放开，到现在已历经20多年，具有一条较长的完整利率曲线，是中国最成熟的市场利率。但是将Chibor作为央行的基准利率也存在诸多问题。相比央行与银行间的回购市场，同业拆借交易量小，另外大部分银行间同业拆借交易期限较短。基于以上分析，本书虽然选用文献中常用的Chibor作为利率代理指标，但其与真正的基准利率还存在一定的差距。

二、非线性和时变问题

鉴于线性回归仍被广泛应用于经济学研究，且泰勒规则本身的线性形式符合“规则”简单的特点，本书以线性研究为主，这样做一来可以直接与国外研究进行国际比较，二来其也适用于泰勒规则的规范研究。自20世纪90年代，中国利率市场化改革以来，国家的整体经济特征发生了很大的变化。不论是在货币制度的建设上，还是在经济关键变量的演变上，一次次“突破”，一次次“创新”，无不提示着经济结构的实质性变化。近年来，国内外泰勒规则研究借助新的计量方法（LSTR、TVP等）对非线性和时变泰勒规则的结构转变特征进行了大量研究，中国作为一个经济高速发展的发展中国家，也为这一研究提供了背景素材。虽然本书在第三章中用Chow检验进行了断点回归检验，但这是已知断点检验，未涉及机制转换和参数时变的其他问题，也未对泰勒规则扩展形式进行结构转变的检验，这些均可以作为以后更深入研究的主题。

三、实时产出数据问题

实时数据问题最早由Orphanides（2001，2002，2003）提出。他认为采用修正数据对政策规则所建议的“恰当”政策进行分析会造成误导。因此在事件发生时，看起来“适当”的某一季度政策，可能不同于根据事后修正数据对这一事件的政策看法。这一信息问题会使人们对历史事件的解释出现变化。比如，事后看按照规则的政策，可能会发觉其过于宽松或过于严格，反之亦然。继而，通过比较基于实时数据的泰勒规则与采取修正数据的泰勒规则给出的利率水平，他得出结论，认为实时政策建议与稍后修正的公布数据获得的建议有很大不同。

美国对这一问题早有关注，既有实时产出数据库，也有实时的产出缺口数据。前者由Croushore和Stark（2001）发起，由费城联邦储备银行维护，包含始于1965年4月的名义和实际GDP年份（1991年12月之前统计的是国民生产总值GNP数据）。后者的产出缺口数据可以从两个途径直接获得：一个是美联储发布的绿皮书（Greenbook），数据起始时间为1987年；另一个是根据国会预算办公会（CBO）公布的实时GDP数据和实时潜在GDP数据，因此可以计算从1991年第一季度开始的实时产出数据。

中国在产出的实时数据方面，目前还没有统一的数据来源。大多数研究者是使用《中国经济景气月报》（2000 年至今）、《中国统计年鉴》（1985 年至今）、《中国人民银行统计季报》（1996 年第一季度至今）、《中国季度国内生产总值核算历史资料 1992—2001》、《中国季度国内生产总值核算历史资料 1992—2005》、《中国季度国内生产总值核算历史资料 1992—2011》，根据资料的发行时间，以当季度所能获得的最权威数据为准则自行构建数据，这就有可能导致实时产出数据出现因人而异的复杂局面。再加上潜在产出计量方法选择的不同，对实时的产出缺口计算也自然会出现不同。

四、预期的处理问题

自 Clarida，Gali 和 Gertler（2000）首次对前瞻性泰勒规则进行研究之后，在泰勒规则中考虑预期因素便成为人们比较接受的方法。但是此类文献中常用的预期处理办法是将 $t+1$ 期的数据直接替换成 t 期数据，这样做的后果就是引入了预测误差。如果这一预测误差不是白噪声过程，就会给模型估计带来额外的问题。如何避免这一问题？张成思、党超（2017）直接采用了预期的调研数据，然而，这样做虽然可以避免上述问题，但与产出的实时数据问题一样，中国尚未形成统一的预期数据库，因此采取调研数据的方法无法得到广泛推广。

五、泰勒规则规范研究及引出的问题

第一，尽管本书的泰勒规则规范研究对中国货币政策的偏离并未产生不一致的解释，但是不排除在改变假设的情况下，有结论随之改变的可能。第二，对于所发现的中国“政策偏离”究竟是不是相机抉择因素导致，还需做进一步研究。Taylor（2017）认为，危机前美国的货币政策“相机抉择”色彩就开始浓厚，而对“相机抉择”进行计量上的验证则需要做进一步研究。第三，国外文献中已有“政策偏离”与金融失衡的关系的相关研究，国内研究还未从“政策偏离”角度进行探讨，因此在本书规范研究结论基础上，可以做深入研究。第四，本书规范研究得出的中国货币政策历史既有前些年的“偏离”，也有近年来的“规则化”转变，但是两者与经济绩效的关系如何，即究竟“规则”好还是“偏离”好，也是一个值得进一步研究的问题。

参考文献

中文文献

[1][法]阿格尼丝·贝纳西-奎里,等. 经济政策[M]. 徐建炜,等,译. 北京:中国人民大学出版社,2015.

[2][德]彼得·博芬格. 货币政策:目标、机构、策略和工具[M]. 黄燕芬,等,译. 北京:中国人民大学出版社,2013.

[3]卞志村. 泰勒规则的实证问题及在中国的检验[J]. 金融研究,2006(8):56-69.

[4]陈创练,杨子晖."泰勒规则"、资本流动与汇率波动研究[J]. 金融研究,2012(11):60-73.

[5]陈晓莉. 汇率变动对货币政策操作变量的影响[J]. 经济科学,2008(5):40-47.

[6]邓宗豪. 欧洲一体化进程:历史、现状与启示[M]. 成都:四川大学出版社,2011.

[7]戴根有. 走向货币政策间接调控:中国实践与国外经验[M]. 北京:中国金融出版社,1999.

[8]戴根有. 中国货币政策传导机制研究[M]. 北京:经济科学出版社,2001.

[9]董艳玲. 泰勒规则中加入汇率因素的探讨及其在中国的应用[J].

经济学动态,2007(11):51－54.

[10]杜金岷,郭红兵．基准利率和基准收益率曲线的内涵及关系探讨[J]．上海金融,2008(2):43－47.

[11]高宏．非线性泰勒规则及其政策效果——基于新凯恩斯 DSGE 模型的分析[J]．当代经济科学,2013(4):19－26.

[12]郭福春,潘锡泉．开放框架下扩展泰勒规则的再检验——基于汇改前后及整体层面的比较分析[J]．财贸经济,2012(11):63－69.

[13]何国华,常鑫鑫．开放条件下不同泰勒规则在中国的适用性研究[J]．财贸研究,2013(2):94－101.

[14]黄昌利,尚友芳．资产价格波动对中国货币政策的影响——基于前瞻性泰勒规则的实证研究[J]．宏观经济研究,2013(1):3－10,37.

[15]江春,陈永．中国利率市场化阶段利率规则探究——基于对泰勒规则的扩展[J]．财贸研究,2014(3):100－107.

[16]金琦．2004 中国货币政策传导机制[M]．北京:中国金融出版社,2005.

[17]李成,赵天荣．人民币汇率弹性的增大对利率稳定性的影响[J]．经济理论与经济管理,2009(5):17－23.

[18]李琼,王志伟．泰勒规则与中国宏观经济波动:1994—2006 年的实证检验[J]．经济科学,2009(2):9－22.

[19]刘金全,张小宇．时变参数"泰勒规则"在我国货币政策操作中的实证研究[J]．管理世界,2012(7):20－28.

[20]刘明志．货币供应量和利率作为货币政策中介目标的适用性[J]．金融研究,2006(1):51－63.

[21]陆军,钟丹．泰勒规则在中国的协整检验[J]．经济研究,2003(8):76－85.

[22][英]马克·布劳格．经济理论的回顾:第五版[M]．姚开建,译．

北京:中国人民大学出版社,2009.

[23][美]米尔顿·弗里德曼,安娜·J. 施瓦茨. 美国货币史(1867—1960)[M]. 巴曙松,王劲松,等,译. 北京:北京大学出版社,2009.

[24]钱小安. 中国货币政策的形成与发展[M]. 上海:上海三联书店,2000.

[25]司登奎,江春,李小林. 基于汇率预期与央行外汇干预的汇率动态决定:理论分析与经验研究[J]. 统计研究,2016(9):13-21.

[26]王国松. 对股市波动做出反应的泰勒规则在中国适用性研究[J]. 商业经济与管理,2014(2):77-86.

[27]王建国. 泰勒规则与中国货币政策反应函数的实证研究[J]. 数量经济技术经济研究,2006(6):43-49.

[28]王如丰. 利率对汇率变化反应了吗?——基于开放经济下泰勒规则的分位数回归[J]. 财贸研究,2009(5):75-81.

[29]王少林. 双重时变"泰勒规则"在中国货币政策操作中的检验[J]. 南方经济,2015(6):67-83.

[30]王胜,田涛. 人民币汇率对CPI传递效应分析——基于均值与波动溢出层面的视角[J]. 国际金融研究,2015(4):87-96.

[31]王胜,邹恒甫. 开放经济中的泰勒规则——对中国货币政策的检验[J]. 统计研究,2006(3):42-46.

[32]王笑余,丁凯. 开放框架下泰勒规则在中国前瞻性扩展的实证研究[J]. 软科学,2014(9):7-10,20.

[33]肖卫国,刘杰. 前瞻性、后顾性与混合型泰勒规则政策效果的动态模拟[J]. 金融经济学研究,2014(3):3-12.

[34]肖娱. 美国货币政策冲击的国际传导研究——针对亚洲经济体的实证分析[J]. 国际金融研究,2011(9):18-29.

[35]谢平,罗雄. 泰勒规则及其在中国货币政策中的检验[J]. 经济研

究,2002(3):3－12.

[36]徐忠．中国稳健货币政策的实践经验与货币政策理论的国际前沿[J]．金融研究,2017(1):1－21.

[37]杨绍基．我国银行间债券回购利率影响因素的实证研究[J]．南方金融,2005(8):30－32.

[38]姚斌．美国量化宽松货币政策的影响及我国的对策[J]．上海金融,2009(7):34－37.

[39]张成思,党超．谁的通胀预期影响了货币政策[J]．金融研究,2016(10):1－15.

[40]张成思,党超．基于双预期的前瞻性货币政策反应机制[J]．金融研究,2017(9):1－17.

[41]张代强,张屹山．前瞻性利率规则在我国的实证研究[J]．数量经济技术经济研究,2008(10):119－129.

[42]张晓慧．货币政策的发展、挑战与前瞻[J]．中国金融,2015(19):28－30.

[43]张屹山,张代强．前瞻性货币政策反应函数在我国货币政策中的检验[J]．经济研究,2007(3):20－32.

[44]郑挺国,刘金全．区制转移形式的“泰勒规则”及其在中国货币政策中的应用[J]．经济研究,2010(9):3－13.

[45]中国人民银行营业管理部课题组．非线性泰勒规则在我国货币政策操作中的实证研究[J]．金融研究,2009(12):30－44.

[46]周小川．新世纪以来中国货币政策主要特点[J]．中国金融,2013(2):9－14.

英文文献

[1] Ahrend, Rudiger. Monetary Ease: A Factor Behind Financial Crises? Some Evidence from OECD Countries[J]. Economics: The Open Access, Open

Assessment E - Journal, 2010(4):2010 - 2012.

[2] Aizenman, Joshua, Michael Hutchison, Ilan Noy. Inflation Targeting and Real Exchange Rates in Emerging Markets[J]. World Development, 2011, 39(5): 712 - 724.

[3] Alchian, A., Benjamin Klein. On a Correct Measure of Inflation[J]. Journal of Money, Credit and Banking, 1973(5): 173 - 191.

[4] Asso, Pier Francesco, Robert Leeson. Monetary Policy Rules: From Adam Smith to John Taylor [M]//Koenig, Evan F., Robert Leeson, and George A. Kahn. The Taylor Rule and the Transformation of Monetary Policy. Washington: Hoover Institution Press, 2012:3 - 62.

[5] Ball, Laurence. Efficient Rules for Monetary Policy[R]. NBER Working Paper No. 5952, 1997.

[6] Ball, Laurence. Policy Rules for Open Economies[M]// John B. Taylor. Monetary Policy Rules Chicago: University of Chicago Press, 1999: 127 - 144.

[7] Ball, Laurence. Policy Rules and External Shocks[R]. Central Bank of Chile Working Paper, 2002.

[8] Ball, Laurence, Sandeep Mazumder. Inflation Dynamics and the Great Recession[J]. Brookings Papers on Economic Activity, Spring, 2011(42): 337 - 405.

[9] Ball, Laurence, S. Mazumder. A Phillips Curve with Anchored Expectations And Short - Term Unemployment [R]. NBER Working Paper No. 20715, 2014.

[10] Barro, R., D. Gordon. A Positive Theory of Monetary Policy in a Natural Rate Model[J]. Journal of Political Economy, 1983(91): 589 - 610.

[11] Batini, Nicoletta, Nelson, E. Optimal Horizons for Inflation Targeting [R]. Bank of England Working Paper, No. 119, 2000.

[12] Batini, Nicoletta, Richard Harrison, Stephen, P. Millard. Monetary

Policy Rules for an Open Economy[R]. Norges Bank Working Paper, ANO 2001/4, 2001.

[13]Batini, Nicoletta, J. Pearlman. Monetary Rules in Emerging Economies with Financial Market Imperfections[M]. // Gali, J., M. Gertler. International Dimensions of Monetary Policy. Chicago: University of Chicago Press, 2010: 251 – 311.

[14]Bayoumi, Tamim, Giovanni Dell'Ariccia, Karl Habermeier, Tommaso Mancini – Griffoli, Fabián Valencia. Monetary Policy in the New Normal[R]. IMF Working Paper, SDN/14/3, 2014.

[15]Beckworth, D. and Hendrickson, J. R. Nominal GDP Targeting and the Taylor Rule on an Even Playing Field[R]. Western Kentucky University, Department of Economics Working Paper, 2015.

[16]Belongia, Michael T., Peter N. Ireland. Interest Rates and Money in the Measurement of Monetary Policy [R]. NBER Working Paper No. 20134, 2014.

[17]Benes, Jaromir, Andrew Berg, Rafael, A. Portillo, David Vavra. Modeling Sterilized Interventions and Balance Sheet Effects of Monetary Policy in a New – Keynesian Framework[R]. IMF Working Paper WP/13/11, 2013.

[18]Bernanke, Ben, S., Mark Gertler. Monetary Policy and Asset Volatility [R]. Federal Reserve Bank of Kansas City Economic Review, 1999, 84(4): 17 – 51.

[19]Bernanke, Ben, S., Mark Gertler. Should Central Banks Respond to Movements in Asset Prices[J]. American Economic Review, 2001, 91(2): 253 – 257.

[20]Bernanke, Ben, S. Monetary Policy and the Housing Bubble [R]. Annual Meeting of the American Economic Association, Atlanta, 2010.

[21]Bernanke, Ben, S., T. Laubach, F. Mishkin and A. Posen. Inflation Targeting: Lessons from the International Experience[M]. Princeton: Princeton University Press, 1999.

[22]Benes, J. , A. Berg, R. Portillo, D. Vavra. Modeling Sterilized Interventions and Balance - Sheet Effects of Monetary Policy in a new - Keynesian Framework[R]. IMF Working Paper 13/11, 2013.

[23]Bjørnland, Hilde, C. Monetary Policy and Exchange Rate Interactions in a Small Open Economy[J]. Economics, 2008, 110(1): 197 -221.

[24]Blanchard, O. , Jordi Gali. Real Wage Rigidities and the New Keynesian Model[R]. MIT Department of Economics Working Paper No. 05 -28; FRB Boston Working Paper No. 05 -14, 2005.

[25]Blanchard, O. , G. Dell'Ariccia and P. Mauro. Rethinking Macroeconomic Policy Ⅰ [R]. IMF Staff Position Note 10/03, 2010.

[26]Bordo, Michael, D. , Olivier Jeanne. Boom - busts in Asset Prices, Economic Instability, and Monetary Policy[R]. NBER Working Paper No. 8966, 2002.

[27]Borio, C. E. V. , N. Kennedy, S. Prowse. Exploring Aggregate Asset Price Fluctuations Across Countries[R]. BIS Economic Papers, 1994.

[28] Borio, Claudio, Philip Lowe. Asset Prices, Financial and Monetary Stability: Exploring The Nexus[R]. BIS Working Paper No. 114, 2002.

[29] Brayton, Flint, Andrew Levin, Ralph Tryon and John C. Williams. The Evolution of Macro Models at the Federal Reserve Board[R]. Board of Governors of the Federal Reserve System Finance and Econ. Disc. Series #97 - 29, 1997.

[30]Blanchard, O. , G. Dell'Ariccia and P. Mauro. Rethinking Macroeconomic Policy Ⅱ [R]. IMF Staff Discussion Note 13/03, 2013.

[31]Bloom, Nicholas. Fluctuations in Uncertainty[J]. Journal of Economic Perspectives, 2014(28 -2) :153 -175.

[32]Bryant, Ralph, Peter Hooper and Catherine Mann. Evaluating Policy Regimes: New Research in Empirical Macroeconomics[R]. Brookings Institution,

Washington DC,1993.

[33] Bullard, James, B. , Eric Schaling. Why the Fed Should Ignore the Stock Market[R]. Federal Reserve Bank of St. Louis Review, 2002(3):35 -42.

[34] Bullard, James. R - Star Wars: The Phantom Menace[R]. 34th Annual National Association for Business Economics (NABE) Economic Policy Conference,2018a.

[35] Bullard, James. Modernizing Monetary Policy Rules[R]. Presentation to the Economic Club of Memphis, Memphis, TN, 2018b.

[36] Cairncross, A. Keynes and the Planned Economy[M]. In A. P. Thirlwall, Keynes and Laissez - faire, London, MacMillan. 1978.

[37] Calvo, G. , F. S. Mishkin. The Mirage of Exchange Rate Regimes for Emerging Market Countries[J]. Journal of Economic Perspectives, 2003(17 - 4): 99 -118.

[38] Carstens, Agustin. Challenges for Emerging Economies in the Face of Unconventional Monetary Policies in Advanced Economies[R]. Stavros Niarchos Foundation Lecture, Peterson Institute for International Economics, Washington, 2015.

[39] Cavoli, T. , R. S. Rajan. Inflation Targeting Arrangements in Asia: Exploring the Role of the Exchange Rate[R]. Singapore Center for Applied and Policy Economics, SCAPE Working Paper Series, No. 2006/03, 2006.

[40] Cecchetti, Stephan, Hans Genberg, John Lipsky, Sushil Wadhwani. Asset Prices and Central Bank Policy[R]. Geneva Reports on the World Economy, No. 2. London: Centre for Economic Policy Research, 2000.

[41] Cespedes, L. , R. Chang, A. Velsaco. Balance Sheets and Exchange Rate Policy[J]. American Economic Review, 2004(94 -9):1183 -1193.

[42] Christiano, L. J. , M. Eichenbaum, C. L. Evans. The Effects of Mone-

tary Policy Shocks: Evidence from the Flow of Funds[J]. Review of Economics and Statistics, 1996(78-1): 16-34.

[43]Christiano, L. J., T. J. Fitzgerald. Inflation and Monetary Policy in the 20th Century[R]. Federal Reserve Bank of Chicago Economic Perspectives, 2003(27): 22-45.

[44]Clarida, Richard, Jordi Galí, Mark Gertler. Monetary Policy Rules in Practice: Some International Evidence[J]. European Economic Review, 1998(42-6):1033-1067.

[45]Clarida, Richard, Jordi Galí, Mark Gertler. The Science of Monetary Policy: A New Keynesian Perspective[J]. Journal of Economic Literature, 1999(37): 1661-1707.

[46]Clarida, Richard, Jordi Galí, Mark Gertler. Monetary Policy Rules and Macroeconomic Stability: Evidence and Some Theory[J]. Quarterly Journal of Economics, 2000, 115(1):147-180.

[47]Clarida, Richard, Jordi Galí, Mark Gertler. The Empirics of Monetary Policy Rules in Open Economies[R]. NBER Working Paper No. 8603,2001.

[48]Clarida, Richard, Jordi Galí, Mark Gertler. Optimal Monetary Policy in Closed versus Open Economies:An Integrated Approach[R]. NBER Working Paper No. 8604, 2001.

[49]Clarida, Richard, Jordi Galí, Mark Gertler. A Simple Framework for International Monetary Policy Analysis[R]. NBER Working Paper No. 8870, 2002.

[50]Clinton K. Wicksell at the Bank of Canada[R]. Queen's Economics Department, Working Paper, N. 1087, n. 6. 2006.

[51]Corsetti, Giancarlo, Paolo Pesenti. The Simple Geometry of Transmission and Stabilization in Closed and Open Economies[R]. NBER Working Paper

No. 11341, 2005.

[52] Curdia, Vasco. Why so Slow? A Gradual Return for Interest Rates. Federal Reserve Bank of San Francisco. Economic Letter [R]. 2015.

[53] De Mello, L. , D. Moccero. Monetary Policy and Inflation Expectations in Latin America: Long - Run Effects and Volatility Spillovers [J]. Journal of Money, Credit and Banking, 2006, 41(8), 1671 - 1690.

[54] De Grauwe, Paul, Magdalena Polan. Is Inflation Always and Everywhere a Monetary Phenomenon? [J]. Scandinavian Journal of Economics, 2005, 107(2): 239 -259.

[55] Del Negro, Marco, Domenico Giannone, Marc Giannoni, Andrea Tambalotti. Safety, liquidity and the natural rate of interest[R]. FRB of NY Staff Report No. 812,2017.

[56] Dennis, R. Exploring the Role of the Real Exchange Rate in Australian Monetary policy[J]. The Economic Record, 2003, 79(244):20 -38.

[57] Devereux, Michael B. , Charles Engel. Monetary Policy in the Open Economy Revised: Price Setting and Exchange Rate Flexibility [R]. NBER Working Paper No. 7655, 2000.

[58] Edwards, Sebastian. The Relationship Between Exchange Rates and Inflation Targeters Revisited[R]. NBER Working Paper No. 12163, 2006.

[59] Edwards, Sebastian. Monetary Policy Independence under Flexible Exchange Rates: The Federal Reserve and Monetary Policy in Latin America—Is There Policy Spillover[M]// Bordo, Michael, John B. Taylor. Rules for International Monetary Stability. Washington: Hoover Institution Press, 2017.

[60] Engel, Charles, Kenneth West. Taylor Rules and the Deutsche - Dollar Real Exchange Rate[J]. Journal of Money Credit and Banking, 2006(38): 1175 -1194.

[61] English, William B. , J. David Lopez - Salido, Robert J. Tetlow. The

Federal Reserve's Framework for Monetary Policy—Recent Changes and New Questions[R]. Federal Reserve Board, Finance and Economics Discussion Series, 2013.

[62]Estrella, A., F. S. Mishkin. Is There a Role for Monetary Aggregates in the Conduct of Monetary Policy? [J]. Journal of Monetary Economics, 1997(40-2):279-304.

[63]Fagan, G., Lothian, J. R. and McNelis, P. D. Was the Gold Standard Really Destabilizing[J]. Journal of Applied Econometrics, 2013(8): 131-249.

[64]Filardo, Andrew J. Monetary Policy and Asset Prices[R]. Federal Reserve Bank of Kansas City, Economic Review, Third Quarter 2000, 85(3): 11-37.

[65]Filosa, Renato. Monetary Policy Rules in Some Mature Emerging Economies[R]. BIS Papers,2001(8):39-68.

[66] Fisher I. Stabilizing the Dollar [M]. New York: MacMillan Press, 1920.

[67]Friedman, M., A. Schwartz. A Monetary History of the United States, 1867-1960[M]. Princeton: Princeton University Press, 1963.

[68]Friedman, Benjamin M., Kenneth N. Kuttner. Money, Income, Prices, and Interest Rates[J]. American Economic Review, 1992(82): 472-492.

[69]Gali, Jordi, Tommaso Monacelli. Monetary Policy and Exchange Rate Volatility in a Small Open Economy[J]. Review of Economic Studies, 2005(72): 707-734.

[70]Garcia, Carlos, Jorge Restrepo, Scott Roger. How Much Should Inflation Targeters Care About the Exchange Rate? [J]. Journal of International Money and Finance, 2011(30): 1590-1617.

[71]Gerlach, S. The Two Pillars of the European Central Bank[J]. Economic Policy, 2004(19): 390-439.

[72]Ghosh, Atish R. Is it Signaling? Exchange Intervention and the Dollar - Deutschemark Rate [J]. Journal of International Economics, 1992(32): 201 -220.

[73]Ghosh, A. R., M. S. Qureshi, C. G. Tsangarides. Friedman Redux: External Adjustment and Exchange Rate Flexibility[R]. IMF Working Paper No. 14/146, 2014.

[74]Giannoni, Marc, P., Michael Woodford. Optimal Interest - rate Rules: Ⅰ. General Theory[R]. NBER Working Paper No. 9419, 2002a.

[75]Giannoni, Marc, P., Michael Woodford. Optimal Interest - rate Rules: Ⅱ. Applications[R]. NBER Working Paper No. 9420, 2002b.

[76]Goodfriend, M., R. King. The New Neoclassical Synthesis and the Role of Monetary Policy[R]. NBER Macroeconomics Annual, 1997:231 -283.

[77]Goodhart, Charles. Myths about the Lender of Last Resort[J]. International Finance, 1999(2):339 -360.

[78]Gray, Colin. Responding to a Monetary Superpower: Investigating the Behavioral Spillovers of U. S. Monetary Policy[J]. Atlantic Economic Journal, 2013, 21 (2): 173 -84.

[79]Gruen, D., M. Plumb, A. Stone. How Should Monetary Policy Respond to Asset Price Bubbles? [R]. International Journal of Central Banking, 2005:1 -31.

[80]Guha, Krishna. Fed Study Puts Ideal U. S. Interest Rate at -5% [N]. Financial Times, 2009 -04 -27.

[81]Gust, Christopher, J., Benjamin, K. Johannsen and D. Lopez - Salido. Monetary Policy, Incomplete Information, and the Zero Lower Bound [R]. Board of Governors of the Federal Reserve System, Finance and Economics Discussion Series, 2015 -099.

[82]Haldane, A. G., N. Batini. Forward - Looking Rules for Monetary

Policy[R]. Paper Presented at the NBER Conference on "Monetary Policy Rules", Islamorada, Florida, 1998.

[83] Henderson, Dale, Warwick McKibbin. A Comparison of Some Basic Monetary Policy Regimes for Open Economies: Implications of Different Degrees of Instrument Adjustment and Wage Persistence[J]. Carnegie – Rochester Conference Series on Public Policy, 1993(39): 221 – 318.

[84] Ho, Corrinne, Robert, N. McCauley. Living with Flexible Exchange Rates: Issues and Recent Experience in Inflation Targeting Emerging Economies [R]. BIS Working Papers, No. 130, 2003.

[85] Hofmann, Boris, Bilyana Bogdanova. Taylor Rules and Monetary Policy: A Global Great Deviation[R]. BIS Quarterly Review, 2012(9): 37 – 49.

[86] Holston, Kathryn, Thomas Laubach, John, C. Williams. Measuring the Natural Rate of Interest: International Trends and Determinants[R]. Board of Governors of the Federal Reserve System, 2016.

[87] International Monetary Fund. How Has Globalization Affected Inflation [R]. IMF World Economic Outlook, 2006.

[88] International Monetary Fund. Has Inflation Been Muzzled or Was It Just Sleeping[R]. IMF World Economic Outlook, 2013.

[89] Illes, A., M. Lombardi. Interest rate pass – through since the financial crisis[R]. BIS Quarterly Review September, 2013: 57 – 66.

[90] Jarocinski, Marek, Frank R. Smets. House Prices and the Stance of Monetary Policy[R]. Federal Reserve Bank of St. Louis Review, 2008, 90(4): 339 – 365.

[91] Jordà, Òscar, Chitra Marti, Fernanda Nechio, Eric Tallman. Inflation: Stress – Testing the Phillips Curve[R]. Federal Reserve Bank of San Francisco, 2019.

[92]Judd, John,P. , Glenn,D. Rudebusch. Taylor's Rule and the Fed: 1970 - 1997[J]. FRBSF Economic Review, 1998(3):3 - 16.

[93]Kahn, George A. Taylor Rule Deviations and Financial Imbalances [R]. Federal Reserve Bank of Kansas City Economic Review, 2010(2): 63 - 99.

[94]Kahn, George,A. The Taylor Rule and the Practice of Central Banking [M] // Evan,F. Koenig, Robert Leeson and George A. Kahn. The Taylor Rule and the Transformation of Monetary Policy. Washington: Hoover Institution Press, 2012.

[95]King, M. No Money, No Inflation: The Role of Money in the Economy [R]. Bank of England Quarterly Bulletin, 2002:162 - 177.

[96] Kohn, Donald, L. John Taylor Rules [R]. BIS Review, No. 116, 2007.

[97]Kohn, Donald,L. It's Not So Simple[C]// Evan,F. Koenig, Robert Leeson, George A. Kahn. The Taylor Rule and the Transformation of Monetary Policy. Washington: Hoover Institution Press, 2012.

[98]Kozicki, Sharon. How Useful Are Taylor Rules for Monetary Policy? [R]. Federal Reserve Bank of Kansas City Economic Review, Second Quarter 1999, 84(2):5 - 33.

[99]Kydland,F. ,E. Prescott. Rules Rather than Discretion[J]. Journal of Political Economy, 1977, 85(3) : 473 - 491.

[100]Lane, Timothy. Monetary Policy and Financial Stability—Looking for the Right Tools[R]. Bank of Canada, 2016.

[101]Laubach, Thomas, John, C. Williams. Measuring the Natural Rate of Interest[J]. Review of Economics and Statistics, 2003, 85(4): 1063 - 1070.

[102]Laubach, Thomas, John,C. Williams. Measuring the Natural Rate of Interest Redux[J]. Business Economics, 2016(51): 257 - 267.

[103]Leith, Campbell, Simon Wren - Lewis. Taylor Rules in the Open Economy[J]. European Economic Review, 2009, 53(8): 971 - 995.

[104]Levin, Andrew,T. , Volker Wieland, John,C. Williams. Robustness of Simple Monetary Policy Rules under Model Uncertainty[C]// Taylor, John,B. Monetary Policy Rules. Chicago: University of Chicago Press, 1999.

[105]Levin, Andrew,T. ,John,C. Williams. Robust Monetary Policy with Competing Reference Models[J]. Journal of Monetary Economics, 2003(5): 945 - 975.

[106]Lowe, Phillips, Luci Ellis. Evaluating Simple Monetary - policy Rules for Australia[C]// Lowe, Phillips. Monetary Policy and Inflation Targeting. Reserve Bank of Australia, 1997.

[107]Lubik, T. , F. Schorfheide. Do Central Banks Respond to Exchange Rates? A Structural investigation[J]. Journal of Monetary Economics, 2007, 54(4):1069 - 1087.

[108]McCallum, B. T. Alternative Monetary Policy Rules: A Comparison with Historical Settings for the United States, the United Kingdom, and Japan [J]. FRB Richmond Economic Quarterly, 2000, 86(1):49 - 79.

[109]McCallum, B. T. Monetary Policy in a Very Open Economy: Some Major Analytical Issues[J]. Pacific Economic Review, 2014, 19(1): 27 - 60.

[110]McCandless, G. T. , W. E. Weber. Some Monetary Facts[R]. Federal Reserve Bank of Minneapolis,1995.

[111]Mehra, Yash P. A Forward - Looking Monetary Policy Reaction Function[R]. Federal Reserve Bank of Richmond Economic Quarterly,1999.

[112]Meltzer, Allan. Federal Reserve Policy in the Great Recession[J]. Cato Journal, 2012,32(2): 255 - 263.

[113]Mishkin, Frederic. Inflation Targeting in Emerging Market Countries [J]. American Economic Review, 2000, 90(2):105 - 109.

[114] Mishkin, Frederic, S. How should we respond to asset price bubbles? [R]. Financial Stability Report, No. 12, Banque de France,2008:65 – 74.

[115] Mohanty, Madhusudan, Marc Klau. Monetary Policy Rules in Emerging Market Economies: Issues and Evidence[R]. BIS Working Paper, No. 149, 2004.

[116] Morón, Eduardo, Diego Winkelried. Monetary Policy Rules for Financially Vulnerable Economies[J]. Journal of Development Economics, 2005(76): 25 – 51.

[117] Nelson, Edward. Friedman and Taylor on Monetary Policy Rules: A Comparison[R]. Federal Reserve Bank of St. Louis Review, 2008, 90(2): 95 – 116.

[118] Nicoletti Altimari, S. Does Money Lead Inflation in the Euro Area [R]. ECB Working Paper, No. 63, 2001,

[119] Nikolsko – Rzhevskyy, Alex, David, H. Papell. Taylor Rules and the Great Inflation[J]. Journal of Macroeconomics, 2012,34(4):903 – 918.

[120] Nikolsko – Rzhevskyy, Alex, David, H. Papell. Taylor's Rule Versus Taylor Rules [J]. International Finance, 2013,16(1): 71 – 93.

[121] Nikolsko – Rzhevskyy, Alex, David, H. Papell and Ruxandra Prodan. Deviations from Rules – Based Policy and Their Effects[J]. Journal of Economic Dynamics and Control, 2014(49):4 – 17.

[122] Obstfeld, Maurice, Rogoff, Kenneth. The Mirage of Fixed Exchange Rates[J]. Journal of Economic Perspectives, 1995, 9(4):73 – 96.

[123] Obstfeld, Maurice, Rogoff, Kenneth. Exchange Rate Dynamic Redux [J]. Journal of Political Economy,1995(103):624 – 660.

[124] Orphanides, Athanasios, Richard, D. Porter, David Reifschneider, Robert Tetlow, Frederico Finan. Errors in the Measurement of the Output Gap and

the Design of Monetary Policy [J] . Journal of Economics and Business, 2000 (52): 117 - 141.

[125]Orphanides, Athanasios. Monetary Policy Rules Based on Real - Time Data[J]. American Economic Review, 2001, 91(4): 964 - 985.

[126]Orphanides, Athanasios. Monetary Policy Rules and the Great Inflation[J]. American Economic Review, 2002, 92(2): 115 - 121.

[127]Orphanides, Athanasios. Historical Monetary Policy Analysis and the Taylor Rule [J]. Journal of Monetary Economics, 2003, 50(5): 983 - 1022.

[128]Orphanides, Athanasios, John, C. Williams. Learning, Expectations Formation, and the Pitfalls of Optimal Control Monetary Policy[J]. Journal of Monetary Economics, 2008(55): 80 - 96.

[129]Orphanides, Athanasios, Volker Wieland. Economic Projections and Rules of Thumb for Monetary Policy[R]. Federal Reserve Bank of St. Louis Review, July/August, 2008.

[130]Orphanides, Athanasios. Fear of Liftoff: Uncertainty, Rules, and Discretion in Monetary Policy Normalization[J]. Federal Reserve Bank of St. Louis Review,2015, 97(3): 173 - 196.

[131]Ostry, Jonathan,D. , Atish,R. Ghosh, Marcos Chamon. Two Targets, Two Instruments: Monetary and Exchange Rate Policies in Emerging Market Economies [R]. IMF Staff Discussion Note SDN/12/01, 2012.

[132]Paries, M. D. , A. Notarpietro. Monetary Policy and Housing Prices in an Estimated DSGE Model for the US and the Euro Area[R]. European Central Bank, Working Paper No. 972, 2008.

[133]Patinkin,D. Irving Fisher and his Compensated Dollar Plan[R]. The Federal Reserve Bank of Richmond Economic Quarterly,2003.

[134]Poole, William. Optimal Choice of Monetary Policy Instruments in a

Simple Stochastic Macro Model [J]. Quarterly Journal of Economics, 1970, 84 (2):197 -216.

[135]Poole, William. Rules - of - Thumb for Guiding Monetary Policy[R]. in Open Market Policies and Operating Procedures—Staff Studies. Washington, DC: Board of Governors of the Federal Reserve System, 1971.

[136]Poole, William. Understanding the Fed[R]. Federal Reserve Bank of St. Louis Review, January/February, 2007, 89(1): 3 -13.

[137]Rigobon, Roberto, Brian Sack. Measuring the Reaction of Monetary Policy to the Stock Market[R]. NBER Working Paper No. 8350, 2001.

[138]Roberts, J. M. Monetary Policy and Inflation Dynamics[J]. International Journal of Central Banking, 2006, 2(3): 193 -230.

[139]Roger, Scott , Jorge Restrepo, Carlos Garcia. Hybrid Inflation Targeting Regimes [R]. IMF Working Paper 09/324, 2009.

[140]Rudebusch, G. D. Federal Reserve Interest Rate Targeting, Rational Expectations and the Term Structure [J]. Journal of Monetary Economic, 1995, 35(2):245 -274.

[141]Rudebusch, Glenn, Lars, E. O. Svensson. Policy Rules for Inflation Targeting[C]// John, B. Taylor. Monetary Policy Rules. Chicago: University of Chicago Press, 1999.

[142]Rudebusch, Glenn. Monetary Policy Inertia: Fact or Fiction? [J]. International Journal of Central Banking, 2006(2): 85 -135.

[143]Rudebusch, Glenn. The Fed's Monetary Policy Response to the Current Crisis [R]. Federal Reserve Bank of San Francisco Economic Letter, May 22, 2009.

[144]Sack , Brian, Volker Wieland. Interest Rate Smoothing and Optimal Monetary Policy: A Review of Recent Empirical Evidence[R]. Finance and Eco-

nomics Discussion Series , No. 8, 1999.

[145]Sargent T. Expectations and the Non – Neutrality of Lucas[J]. Journal of Monetary Economics, 1996(37): 553 – 548.

[146]Schmidt – Hebbel, Klaus, Alejandro Werner. Inflation Targeting in Brazil, Chile, and Mexico: Performance, Credibility and the Exchange Rate[R]. Central Bank of Chile. Working Paper No. 171,2002.

[147]Shiratsuka, Shigenori. Asset Price Fluctuation and Price Indices[J]. Monetary and Economic Studies, Institute for Monetary and Economic Studies, Bank of Japan, 1999, 17 (3): 103 – 128.

[148]Simons H. C. Review of Alvin Harvey Hansen, Full Recovery or Stagnation? [J]. Journal of Political Economy, 1939, 47(2):272 – 276.

[149]Shrestha, P. K. , Semmler, W. Monetary Policy and International Reserves: Empirical Evidence from East Asian Countries [J]. International Journal of Finance and Economics, 2015(20): 191 – 205.

[150]Stock, J. H. , Watson, M. W. Forecasting Inflation. Journal of Monetary Economics[J]. 1999(44):293 – 335.

[151]Summers, L. H. Speech at the IMF Fourteenth Annual Research Conference in Honor of Stanley Fischer[Z]. Washington:IMF Economic Forum: Policy Responses to Crises, 2013.

[152]Svensson, Lars,E. O. Inflation Forecast Targeting: Implementing and Monitoring Inflation Targets[J]. European Economic Review, 1998(41): 1111 – 1146.

[153]Svensson, Lars,E. O. Inflation Targeting as a Monetary Policy Rule [J]. Journal of Monetary Economics,1999(43): 607 – 654.

[154]Svensson, Lars,E. O. Open – Economy Inflation Targeting [J]. Journal of International Economics, 2000, 50(1):155 – 183.

[155]Taylor, John,B. Estimation and Control of a Macroeconomic Model with

Rational Expectations[J]. Econometrica,1979, 47(5): 1267 -1286.

[156]Taylor, John, B. Aggregate Dynamics and Staggered Contracts[J]. Journal of Political Economy, 1980, 88(1): 1 -23.

[157]Taylor,John,B. What Would Nominal GNP Targeting Do to the Business Cycle? [R]. Carnegie - Rochester Conference Series on Public Policy, 22, North - Holland,1985.

[158]Taylor, John,B. Discretion versus Policy Rules in Practice [J]. Carnegie - Rochester Conference Series on Public Policy, 1993(39): 195 -214.

[159]Taylor, John,B. The Inflation - Output Variability Tradeoff Revisited [C] // Fuhrer, J. C. Goals, Guidelines, and Constraints Facing Monetary Policymakers. Boston: Federal Reserve Bank of Boston, 1994:23 -38.

[160] Taylor, John, B. A Historical Analysis of Monetary Policy Rules [C]// Taylor, John,B. Monetary Policy Rules. Chicago: University of Chicago Press, 1999a: 319 -348.

[161]Taylor, John, B. The Robustness and Efficiency of Monetary Policy Rules as Guidance for Interest Rate Setting by the European Central Bank[J]. Journal of Monetary Economics, 1999b(43): 655 -679.

[162]Taylor, John,B. Using Monetary Policy Rules in Emerging Market Economies[Z]. Revised Version of a Paper Presented at the 75th Anniversary Conference, "Stabilization and Monetary Policy: The International Experience," Bank of Mexico, November 14 -15, 2000.

[163]Taylor, John,B. The Role of the Exchange Rate in Monetary - policy Rules[J]. American Economic Review, 2001,91(2): 263 -267.

[164]Taylor, John,B. Housing and Monetary Policy[R]. Housing, Housing Finance, and Monetary Policy, Jackson Hole Economic Symposium, Federal Reserve Bank of Kansas City, 2007.

[165]Taylor, John, B. Systematic Risk and the Role of Government[Z]. Speech delivered at the Conference on Financial Innovation and Crises, Federal Reserve Bank of Atlanta, May 12, 2009.

[166]Taylor, John, B. Getting Back on Track: Macroeconomic Policy Lessons from the Financial Crisis [R]. Federal Reserve Bank of St. Louis Review, 2010:165 - 176.

[167]Taylor, John, B. International monetary coordination and the Great Deviation[J]. Journal of Policy Modeling, 2013,35(3): 463 - 472.

[168]Taylor, John, B. The Role of Policy in the Great Recession and the Weak Recovery[J]. American Economic Review, 2014, 104(5): 61 - 66.

[169]Taylor, John, B. Getting Back to a Rules - Based Monetary Strategy [Z]. Keynote Address for the Conference "Getting Monetary Policy Back on Track." Organized by the Shadow Open Market Committee, Princeton Club, New York City, March 20, 2015.

[170]Taylor, John, B. Can We Restart the Recovery All Over Again? [J]. American Economic Review,2016, 106(5): 48 - 51.

[171]Taylor, John, B., Volker Wieland. Surprising Comparative Properties of Monetary Models: Results from a New Model Data Base[J]. Review of Economics and Statistics, 2012, 94 (3): 800 - 816.

[172]Taylor, John, B., J. Williams. Simple and Robust Rules for Monetary Policy// Friedman, B., M. Woodford. Handbook of Monetary Economics, Vol. 3 [M]. Amsterdam: Elsevier, 2011: 829 - 859.

[173]Taylor, John, B., Volker Wieland. Finding the Equilibrium Real Interest Rate in a Fog of Policy Deviations[J]. Business Economics, 2016, 51 (3): 147 - 154.

[174]Tervala, Juha. International Welfare Effects of Monetary Policy[J].

Journal of International Money and Finance,2012(31): 356 -376.

[175]Trecroci, Carmine, Juan Luis Vega. The Information Content of M3 for Future Inflation[R]. European Central Bank Working Paper, No. 33, 2003.

[176]Volkart D. Rules, Discretion or Reputation? Monetary Policy and the Efficiency of Financial Markets in Germany, 14th to 16th Centuries[R]. SBS 649, Discussion Papers, No. 007. 2007.

[177]Williams, John, C. Simple Rules for Monetary Policy[R]. Federal Reserve Bank of San Francisco Economic Review, 2003.

[178]Woodford, M. Interest and Prices: Foundations of a Theory of Monetary Policy[M]. Princeton: Princeton University Press, 2003.

[179]Yellen, Janet, L. The Goals of Monetary Policy and How We Pursue Them[Z]. The Commonwealth Club, San Francisco,2017a.

[180]Yellen, Janet, L. The Economic Outlook and the Conduct of Monetary Policy[Z]. the Stanford Institute for Economic Policy Research, Stanford University, Stanford, 2017b.

附录 1

美国货币政策中介目标的演变①

虽然自 1970 年伯恩斯当选联邦储备委员会主席之后，就宣称美国的货币政策实施以货币总量作为中介目标，但直到 1979 年 10 月，保罗·沃尔克就任美联储主席后，货币政策的重点才真正发生变化。彼时的美国亟须解决的问题是高通货膨胀率，沃尔克听从以弗里德曼为代表的货币学派的政策建议，实行紧缩性货币政策，以稳定币值、遏制通货膨胀。弗里德曼等通过对美国货币史的长期实证研究发现：货币供给的变动并不直接影响利率，而是直接影响名义收入和支出水平，并进而影响投资、就业、产出及物价水平；货币需求在长期是稳定的，因此长期货币增长率应保持在一个固定的名义 GDP 增长率上。货币学派据此给出的政策建议是，放弃二战后传统的利率指标，转而实行确定货币供应增长率的“单一规则”。由于“任何通货膨胀都是货币现象”，所以控制了货币供应就控制了通货膨胀。具体而言，当时的货币政策就是以控制货币供应量 M1 增长率作为其货币政策的中介指标，操作上关注非借入准备金进而对货币总量进行控制。

从理论上讲，美联储关注非借入准备金的数量会对货币供给产生影

① 附录 1 为本书作者根据文献自行整理而得。

响，进而可以实现稳定货币供应增长率、加强货币控制、抑制通货膨胀目标。这是因为一来准备金与基础货币关系密切，基础货币（又称高能货币）由准备金和流通中的现金构成，两者共同构成美联储资产负债表的货币负债，是货币供给的基础与重要组成部分；二来准备金的数量变动通过存款创造过程对货币供给量产生放大效果，而现金则没有这样的扩张过程，所以美联储将货币政策的实施重点放在准备金上。而准备金可以分为两部分：由美联储公开市场操作控制的准备金，被称为“非借入准备金”（Nonborrowed Reserves，NBR），向美联储贴现借款所形成的准备金，被称为“借入准备金”（Borrowed Reserves，BR）。在公开市场操作方面，由于美联储能够向债券市场交易商发布指令，可以完全控制公开市场购买或公开市场出售的规模，从而对非借入准备金控制较强；而对于贴现贷款，美联储无法替银行决定是否向其贷款，也就无法单方面决定或估计借入准备金的数额，因此控制力较弱。由此可以看出，美联储关注非借入准备金是希望通过对准备金这一政策手段的数量控制，追求货币总量的中介目标，从而稳定货币供给数量波动，进而稳定物价。

然而，上述情况的发生取决于一个重要假设：目标变量（通货膨胀率或名义收入）和指标变量之间必须存在坚定且可靠的联系。如果货币总量和目标变量之间的联系十分微弱，以货币总量为中介目标的政策就不能发挥作用。20 世纪七八十年代，由于经济全球化和金融创新，国际游资大量出现，这些投机性的资本移动迅速，使得货币需求函数的稳定性大大降低。美联储寄希望于单纯依靠准备金的规模调整来影响 M1，遭到了这些国际资本的冲击，在大规模的国际资本面前，货币供给量与经济活动之间的稳定关系受到破坏，货币政策效果自然大打折扣。自 1979 年美联储宣布采用货币目标开始，其关注的 M1 增长率目标就很少达到，M1 增长率的波动没有缩小反而增大。1982 年 10 月，美联储暂停公布 M1 增长目标区间，并放弃了非借入准备金操作程序，转而设定借入储备金指标，即先确定存款机构的借入准备金数量，然后通过公开市场操作实现借入准备金目标水平。这一行动背后的逻辑是：当经济扩张推升利率时，银行从美联储借款的动机增强，因此借入准备金增加，此时为防止借入准备金增加超过其目标水平，美联储开始实施公开市场购买，一方面抬高债券价格并压低利率，另一方面增加了基础货币投放导致货币供给扩张、国民收入增加。经济衰退时的情况正好相反：借入准备金指标阻止利率下跌，引起基础货币减少和货币供给收缩。1987 年 10 月以后，货币供应增长率仍然波动较大，这最终促使美联储放弃设定狭义货币 M1 目标，转向广义货币 M2。到了 20 世纪 80 年代末，M2 增长与经济活动之间的关系也越来越弱，美联储最终也放弃了设定 M2 增长目标，仅仅将其作为监测的变量指标，取而代之的是储备金总量指标。但是这一状况也并未维持多久。1993 年 7 月，美联储主席格林斯潘在国会听证会上宣布，放弃以货币供应量为中介指标的货币政策，改以调整实际利率作为对经济实施宏观调控的主要手段。这标志着美国货币政策中介目标的根本转变。2006 年，美联储进一步停止了 M3 的数据公布。

可以说，美联储虽然在历史上设定了以货币供应量为中介目标，但以失败而落幕。其间美联储进行了种种尝试，一次又一次地妥协、变更，先是以非借入准备金作为政策手段力图达到控制货币供应总量（M1）的目标，然后调整成借入准备金手段，这两个操作手段都未能与 M1 变化步调一致，鉴于时势的变化，美联储只好退而求其次，放弃 M1 总量目标，而转向广义货币 M2，但是无情的现实很快也让这一中介目标的追求落空。

参考文献

[1]宋小梅．二十世纪六十年代以来的美国货币政策[J]．南方金融，2004(11)：62－65.

[2]李扬，彭兴韵．解析美联储的利率政策及其货币政策理论[J]．国际金融研究，2005(2)：10－14.

[3]阿格尼丝·贝纳西－奎里，等．经济政策[M]．徐建炜，等，译．北京：中国人民大学出版社，2015.

[4]弗雷德里克·S. 米什金．货币金融学：第九版[M]．郑艳文，荆国勇，译．北京：中国人民大学出版社，2011.

[5]Gavin. William T. Monetary Policy Regimes and the Real Interest Rate [J]. Federal Reserve Bank of St. Louis Review, 2018, 100(2): 151－169.

[6]Woodford, Michael. Forecast Targeting as a Monetary Policy Strategy: Policy Rules in Practice[J]. NBER Working Paper No. 13716, 2007.

附录 2

银行学派与通货学派的争论[①]

银行学派与通货学派争论的第一个焦点是英国通货膨胀的原因。由于受当时英法战争的影响，英国暂停了英格兰银行券与黄金之间的兑换，很快英国便爆发了通货膨胀。因此人们开始就要不要恢复纸币“可兑换”从而消除通货膨胀进行了激烈的讨论。

通货学派认为应该使作为黄金与纸币混合通货的英格兰银行券完全像金属货币那样变动，以使这些银行券自动地对应于黄金的流入或流出。通货学派的支持者亨利·桑顿（Henry Thorndon）和大卫·李嘉图（David Ricardo）倡导对通货进行管理，其理论基础是货币数量论，认为若不对通货进行管理，则纸币的过度发行就会造成通货膨胀。而对通货膨胀的治理建议是恢复可兑换性，其理论基础是铸币平价，认为只要纸币能自由地兑换为黄金，与任何其他国家的汇率都不能下降到黄金输出点以下，因此汇率为纸币的供给提供了一个自动稳定机制。正如 R. 托伦斯（R. Torrens）所说的那样，管理银行券唯一可靠的原则就是让货币供应量根据国际收支而进行扩大或缩小。没有依据此原则而造成的货币发行过多是金融和银行危机的主要原因。

① 附录 2 为本书作者根据文献自行整理而得。

银行学派提出了一个国家在管理货币发行时应该遵循的“软”规则——真实票据学说，这一学说最早在亚当·斯密（Adam Smith）的《国富论》（1776）中被清楚地说明，并作为英格兰董事会的标准观点受到Thorndon、Ricardo和金块委员会的批评。Smith认为，银行的作用是节省贵金属的储备，纸币“从来不能超出它所覆盖的地方的金和银的价值”，因为多余的纸币将以黄金支付的形式流出国外或存至银行（回流法则）。纸币发行过度归因于大胆的计划制订者往往不掂量自己的资金实力，经营规模过大。如果银行只贴现“到期即付汇票”，这种情况就不会发生，这就是“真实票据学说”的来源。银行学派据此认为，银行资产通常是由“真实票据”构成。如果银行将其贷款仅限于自行清偿的商业票据，即基于产品的短期贴现票据，经济中的支付手段必须随着所生产产品数量的扩大而扩大，而同时回流定律又保证了不可能出现由银行信用过度扩张而产生的通货膨胀。银行学派反对货币数量论，他们认为货币供应量是价格变动的结果而非原因，故银行货币政策无力影响物价。这与银行学派的主要代言人托马斯·图克（Thomas Tooke）有关。虽然他未曾发展出反对货币数量论的严密理论，但他穷其一生注重收集有关价格史的原始价格数据，为其观点提供历史证据。他认为，“低落的利率，随之而起的并不一定是高昂的或上涨的价格”，恰恰相反，市场利息率和价格水平是正相关的（这个发现曾在Keynes《论货币》中被称为“吉布森悖论”）①。

1810年公布的《金块报告》（*The Bullion Report*）赞成通货学派的

① 图克所持的“利率与价格正相关”的观点，后来被维克塞尔在《利息与价格》中做了解释：并不是两者有什么直接关系，而是要看实际利息率相对于自然利息率是高还是低、两者之间的差额大还是小。若实际利息率本来就比自然利息率高出许多，前者即使下降，但只要未及于后者，就仍表现为价格的下跌。所以“价格上涨，不但可以与低利率也同样可以与不变的或高的利率并存，价格下跌，可以与不变的或低的利率并存，也可以与高利率并存。这是因为自然率的变动是可以比货币率更进一层的”。

观点，并间接导致1819年英国恢复纸币的可兑换。但是之后银行危机频仍，使得通货学派认识到，货币政策对黄金外流和汇率变动的反应是不稳定的、不正当的或者根本无效的。人们所需要的不仅是纸币可兑换性，还有对货币数量的严格规定。经济学家和银行家开始讨论新的规则以代替“可兑换”规则。这个新规则就是“帕尔默法则”，它将通胀和外汇的运动连接起来，基础货币将由“外汇行为”被动唯一地管理：如果没有国外黄金运动影响的话，将纸币发行集中到英格兰银行手中，与此同时限制它发行纸币的数量不能超过可兑换的金银数量。

通货学派为维持价格稳定而为规则立法的努力并没有止步。由于目睹黄金可兑换性不足、存在规则空白期，致使银行出于私利过度发行货币，银行的相机抉择直接导致各种经济危机，S. 奥弗斯通（S. Overstone）指出，“如果赋予银行家除了合法权力之外的其他权力，比如随意发行纸币的权力，并且可以预见他肯定会滥用这个权力，那么在这样的诱惑下，他会不会在以下两者之间达成某种妥协呢，即不仅发行货币，而且其还要承担存款与贴现的压力”（Overstone，1857）。因此，通货学派表示，要严格遵守使当前纸币硬币混合的经济要像完全贵金属经济那样的规则对通货进行管理，防止政府在通货管理上的权力滥用。在奥弗斯通的决定性影响下，1844年，英国通过了《皮尔银行宪章条例》即“皮尔法”，它标志着通货学派最终获得了“银行学派与通货学派”政治争论的最终胜利。皮尔法案进一步完善了帕尔默法案，不仅将英格兰银行的货币发行部门与银行部门完全分开，而且规定货币发行部门按黄金储备变动的比例1∶1地进行银行券供给的扩张与收缩，无怪乎有人将之称为“准货币局制度”。

参考文献

[1][瑞典]魏克赛尔．利息与价格[M]．蔡受百，译．北京：商务印

书馆,2013.

[2]马克·布劳格. 经济理论的回顾:第五版[M]. 姚开建,译. 北京:中国人民大学出版社,2009.

[3]姚开建. 经济学说史[M]. 北京:中国人民大学出版社, 2003.

[4]晏智杰. 西方经济学说史教程[M]. 北京:北京大学出版社, 2013.

[5]Asso, Pier Francesco, Robert Leeson. Monetary Policy Rules: from Adam Smith to John Taylor[C] //Koenig, Evan F., Robert Leeson, and George A. Kahn. The Taylor Rule and the Transformation of Monetary Policy. Washington: Hoover Institution Press, 2012.

附录3

标准泰勒规则、添加利率平滑与前瞻因素泰勒规则扩展式的实证结果

附表3-1 标准泰勒规则［式（3-5）］实证估计结果

指标	数值	标准差	t统计量	p值
常数项α	2.928414	0.264317	11.07916	0.0000
通胀反应系数$(1+\beta)$	0.430666	0.037405	11.51372	0.0000
产出反应系数γ	0.940627	0.273590	3.438086	0.0008
调整R^2	0.613878			
DW值	0.165736			

附表3-2 考虑平滑的标准泰勒规则［式（3-7）］实证估计结果

指标	数值	标准差	t统计量	p值
常数项α	0.156863	0.086016	1.823657	0.0711
通胀反应系数$(1-\rho)(1+\beta)$	0.067307	0.011717	5.745062	0.0000
产出反应系数$(1-\rho)\gamma$	0.071914	0.064914	1.107840	0.2705
利率平滑系数ρ	0.899161	0.020366	44.14987	0.0000
调整R^2	0.980680			
DW值	1.599921			

附表3-3 不考虑平滑的前瞻性泰勒规则［式（3-15）］实证估计结果

指标	数值	标准差	t统计量	p值
常数项α	2.544709	0.243282	10.45990	0.0000
通胀滞后项系数	0.512226	0.063549	8.060327	0.0000

续表

指标	数值	标准差	t 统计量	p 值
通胀反应系数 β	-0.110799	0.069290	-1.599069	0.1131
产出反应系数 γ	1.092174	0.340427	3.208252	0.0018
调整 R^2	0.666824			
DW 值	0.240532			

附表 3-4　考虑平滑的前瞻性泰勒规则
［式（3-12），$k=1$，$q=1$］实证估计结果

指标	数值	标准差	t 统计量	p 值
常数项 α	0.148234	0.056280	2.633870	0.0099
通胀滞后项系数（$1-\rho$）	0.012207	0.014097	0.865953	0.3887
通胀反应系数（$1-\rho$）β	0.040332	0.018729	2.153388	0.0338
产出反应系数（$1-\rho$）γ	0.042845	0.048483	0.883704	0.3791
利率平滑系数 ρ	0.904387	0.017354	52.11412	0.0000
调整 R^2	0.983705			
DW 值	1.842436			

附表 3-5　考虑平滑的前瞻性泰勒规则
［式（3-19），$k=4$，$q=1$］稳健性检验结果

指标	数值	标准差	t 统计量	p 值
常数项 α	0.184427	0.067056	2.750347	0.0072
通胀滞后项系数（$1-\rho$）	0.025464	0.009060	2.810592	0.0061
通胀反应系数（$1-\rho$）β	0.037796	0.022489	1.680634	0.0963
产出反应系数（$1-\rho$）γ	0.134637	0.052047	2.586812	0.0113
利率平滑系数 ρ	0.902583	0.018082	49.91570	0.0000
调整 R^2	0.983163			
DW 值	1.881647			

附录 4

添加汇率变量泰勒规则扩展式的实证结果

（1）利率平滑泰勒规则［式（4－6）］实证估计结果，如附表 4－1 所示。

附表 4－1　利率平滑泰勒规则［式（4－6）］实证估计结果

指标	数值	标准差	t 统计量	p 值
常数项 δ_0	0.898523	0.289425	3.104510	0.0032
通胀反应系数 δ_1	0.011575	0.058055	0.199271	0.8428
产出反应系数 δ_2	0.250707	0.152917	1.639492	0.1075
利率平滑系数 ρ	0.695366	0.083372	8.340547	0.0000
调整 R^2	0.700864			
DW 值	1.940786			

注：$\delta_0 = (1-\rho)(r^* - \beta\pi^*)$，$\delta_1 = (1-\rho)(1+\beta)$，$\delta_2 = (1-\rho)\gamma$。

（2）对汇率反应的利率平滑泰勒规则［式（4－10）］实证估计结果，如附表 4－2 所示。

附表 4－2　对汇率反应的利率平滑泰勒规则［式（4－10）］实证估计结果

指标	数值	标准差	t 统计量	p 值
常数项 δ_0	0.874302	0.316690	2.760755	0.0082
通胀反应系数 δ_1	0.009311	0.062536	0.148895	0.8823
产出反应系数 δ_2	0.252632	0.163675	1.482401	0.1449
汇率当期项系数 δ_3	1.138411	3.060009	0.372029	0.7115
汇率滞后项系数 δ_4	－3.192913	2.816472	－1.133657	0.2627

续表

指标	数值	标准差	t统计量	p值
利率平滑系数ρ	0.710656	0.090019	7.894529	0.0000
调整R^2	0.696637			
DW值	2.023451			

注：$\delta_0 = (1-\rho)(r^* - \beta\pi^*)$，$\delta_1 = (1-\rho)(1+\beta)$，$\delta_2 = (1-\rho)\gamma$，$\delta_3 = (1-\rho)\varphi_1$，$\delta_4 = (1-\rho)\varphi_2$。

（3）本书对因变量利率分别用五种数据进行了回归，结果见附表4－3。

附表4－3　五种因变量利率指标的回归结果

指标	Shbior隔夜	Shibor 7天	3个月期Shibor	7天期回购利率	3个月期回购利率
δ_0	0.3708*** (0.0962)	0.3563*** (0.1049)	0.3330*** (0.1033)	0.3814*** (0.1062)	0.3875*** (0.1172)
π_t	1.4960 (3.1108)	4.3026 (2.7675)	4.1388* (2.3906)	3.8034 (2.7294)	4.4738* (2.6284)
y_t	0.1135*** (0.0288)	0.0896*** (0.0251)	0.0919*** (0.0203)	0.0960*** (0.0252)	0.0964*** (0.0232)
Δxr_t	0.5836 (1.0799)	0.9699 (1.0111)	−0.0788 (0.8190)	0.5970 (0.9795)	0.2228 (0.8999)
Δxr_{t-1}	−1.3885 (1.1675)	−1.5060 (1.0945)	−1.1533 (0.8687)	−1.4969 (1.0596)	−1.1201 (0.9662)
i_{t-1}	0.5668*** (0.1182)	0.6686*** (0.1018)	0.7578*** (0.0822)	0.6573*** (0.1011)	0.7198*** (0.0910)
R^2	0.8140	0.8459	0.9059	0.8532	0.8876

注：括号内数值为相应回归系数的标准差；***、*分别表示在99%、90%的置信度下拒绝系数显著为零的t检验零假设。

由附表4－3可知，首先，利率对当期汇率的反应全不显著，且符号与理论预期不符，仅有3个月期Shibor的汇率反应符号为负；利率对汇率滞后项的反应也不显著，反应符号全部为负，说明利率变化方向与滞后期的汇率变动方向相反，即上期汇率升值有可能导致当期利率下降，或上期汇率贬值可能导致当期利率上升。以上说明中国货币政策对汇率的反应并不明显。其次，添加汇率变量后，在五个实证方程的通胀反应系数中，只有一个方程（3 个月期 Shibor）的通胀系数通过了 t 检验，而其他四种利率对通胀的反应均不显著。再次，五个利率方法的产出缺口反应系数全部通过了 1% 显著性水平下的 t 检验，但是反应程度较小，反应系数均在 0.1 左右。最后，利率平滑项系数全部非常显著，平滑系数比较大，在 0.56 ~ 0.76。

（4）对汇率反应的利率平滑泰勒规则［式（4 - 20）］实证估计结果，如附表 4 - 4 所示。

附表 4 - 4 对汇率反应的利率平滑泰勒规则［式（4 - 20）］实证估计结果

指标	数值	标准差	t 统计量	p 值
常数项 δ_0	0.607064	0.167683	3.620307	0.0008
通胀反应系数 δ_1	-0.056762	0.031193	-1.819713	0.0763
产出反应系数 δ_2	0.512339	0.089443	5.728114	0.0000
汇率当期项系数 δ_3	-8.501327	1.749109	-4.860376	0.0000
汇率滞后项系数 δ_4	3.504889	1.616563	2.168118	0.0362
利率平滑系数 ρ	0.851400	0.043719	19.47455	0.0000
调整 R^2	0.620757			
DW 值	2.335808			

注：$\delta_0 = (1-\rho)[r^* - (\varphi_\pi - 1)\pi^*]$，$\delta_1 = \varphi_\pi(1-\rho)$，$\delta_2 = \varphi_y(1-\rho)$，$\delta_3 = \varphi_1(1-\rho)$，$\delta_4 = \varphi_2(1-\rho)$。

附录5

添加资产价格变量泰勒规则扩展式的实证结果

附表5-1 利率平滑泰勒规则［式（5-6）］实证估计结果

指标	数值	标准差	t统计量	p值
常数项 α	0.722644	0.199534	3.621665	0.0006
通胀反应系数 $(1-\rho)(1+\beta)$	0.038327	0.030202	1.268998	0.2087
产出反应系数 $(1-\rho)\gamma$	0.197608	0.079015	2.500895	0.0148
利率平滑系数 ρ	0.721124	0.069310	10.40434	0.0000
调整R^2	0.751830			
DW值	1.941038			

注：$\alpha=(1-\rho)(r_t^*-\beta\pi^*)$。

附表5-2 添加股票价格的利率平滑泰勒规则［式（5-7）］实证估计结果

指标	数值	标准差	t统计量	p值
常数项 α	0.740296	0.208969	3.542617	0.0007
通胀反应系数 $(1-\rho)(1+\beta)$	0.036637	0.030900	1.185693	0.2399
产出反应系数 $(1-\rho)\gamma$	0.216187	0.100045	2.160891	0.0342
股票价格反应系数 $(1-\rho)\delta$	-0.000844	0.002758	-0.306154	0.7604
利率平滑系数 ρ	0.716032	0.071725	9.982988	0.0000
调整R^2	0.748527			
DW值	1.938758			

注：$\alpha=(1-\rho)(r_t^*-\beta\pi^*)$。

附表5-3 添加房地产价格的利率平滑泰勒规则［式（5-7）］实证估计结果

指标	数值	标准差	t统计量	p值
常数项 α	0.612148	0.202731	3.019510	0.0036
通胀反应系数 $(1-\rho)(1+\beta)$	0.013325	0.032035	0.415946	0.6788
产出反应系数 $(1-\rho)\gamma$	0.143412	0.081826	1.752645	0.0842
房地产价格反应系数 $(1-\rho)\delta$	0.050695	0.025085	2.020909	0.0472
利率平滑系数 ρ	0.779007	0.073612	10.58265	0.0000
调整 R^2	0.762448			
DW值	2.149693			

注：$\alpha=(1-\rho)(r_t^*-\beta\pi^*)$。

附表5-4 考虑股票价格反应的前瞻性利率平滑泰勒规则［式（5-11）］实证估计结果

指标	数值	标准差	t统计量	p值
常数项 α	0.316880	0.071436	4.435855	0.0000
利率滞后项系数 $(1-\rho)$	-0.056918	0.012560	-4.531856	0.0000
通胀反应系数 $(1-\rho)\beta$	0.115660	0.015816	7.312646	0.0000
产出反应系数 $(1-\rho)\gamma$	0.080406	0.036281	2.216233	0.0305
股票价格反应系数 $(1-\rho)\delta$	-0.002738	0.000679	-4.034143	0.0002
利率平滑系数 ρ	0.837571	0.026488	31.62065	0.0000
调整 R^2	0.750831			
DW值	2.378097			

注：$\alpha=(1-\rho)(r_t^*-\beta\pi^*)$。

附表5-5 考虑房地产价格反应的前瞻性利率平滑泰勒规则［式（5-11）］实证估计结果

指标	数值	标准差	t统计量	p值
常数项 α	0.454982	0.084398	5.390935	0.0000
利率滞后项系数 $(1-\rho)$	-0.033374	0.010769	-3.099155	0.0030
通胀反应系数 $(1-\rho)\beta$	0.075577	0.027992	2.699966	0.0090
产出反应系数 $(1-\rho)\gamma$	0.104101	0.042775	2.433708	0.0180
房地产价格反应系数 $(1-\rho)\delta$	0.016184	0.008039	2.013238	0.0487
利率平滑系数 ρ	0.807924	0.020213	39.96971	0.0000

续表

指标	数值	标准差	t 统计量	p 值
调整R^2	0.748808			
DW 值	2.290163			

注：$\alpha = (1-\rho)(r_t^* - \beta\pi^*)$。

后 记

本书脱胎于我的博士学位论文，值此全书脱稿之际，心中充满了对曾经给予我启发与帮助的老师、同学及家人的感激。

首先，感谢中国社会科学院世界经济与政治研究所的孙杰老师，师从孙杰老师攻读博士研究生是我求学生涯的一大幸事。孙老师不仅学识渊博，治学严谨，视野宽广，高屋建瓴，而且为人坦荡，宽容大度，待人谦和。对于我的种种不足就像对待自家孩子似的接纳、包容，默默等待我的成长，同时又给予我细心的指导。孙老师的教诲时时响在耳畔，我将终身受益。在此我向孙老师表达最诚挚的谢意。

其次，感谢在社科院结识的所有老师和同学。社科院真的是一个很好的地方，世经政所的各位老师也值得依赖，认真而亲切。在这里求学的几年不仅是我思想放飞、碰撞新思想新火花的几年，也是与同学真心相对、惺惺相惜、宝贵且快乐的时光。

再次，感谢家人对我的倾力支持。我的先生不仅主动充当我的“提款机”，给予我物质上的支持，而且更重要的是在精神上与我并肩作战、同甘共苦，我的任何情绪、感触第一个想分享的人总是他！感谢幼女的懂事，为了加强自我管束，我把家里的平板电脑收起来，而她竟也欣然接受。感谢家里的老人，他们把我的学业放在家庭生活的第一位，甘愿做家里的“勤务兵”。

最后，感谢中国经济出版社的杨元丽编辑为本书的编校付出的辛勤劳动，使本书避免了不少的纰漏，正是由于出版社的大力帮助，本书才得以顺利完成并出版。

本书成书仓促，必定存在诸多不足之处，敬请专家和各位读者给予批评指正。

毛文莉

2021 年 2 月